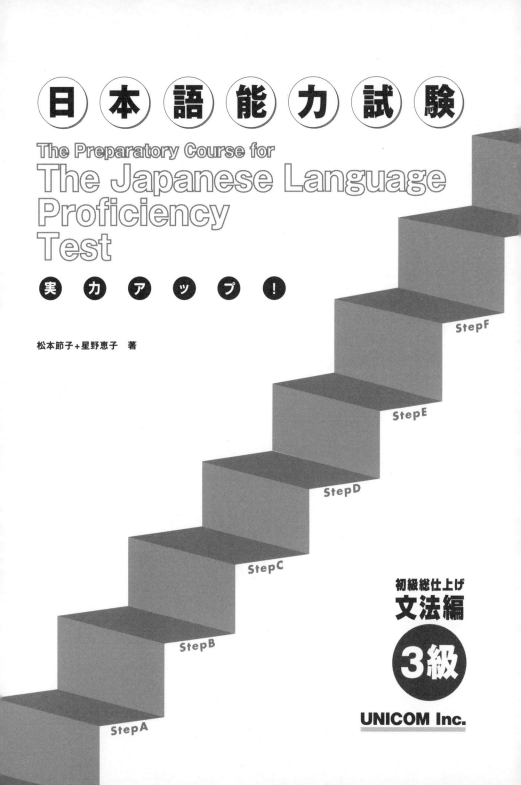

日本語能力試験

The Preparatory Course for
The Japanese Language
Proficiency
Test

実 力 ア ッ プ ！

松本節子＋星野恵子　著

StepF

StepE

StepD

StepC

StepB

StepA

初級総仕上げ
文法編
3級

UNICOM Inc.

この本を使うみなさんへ

この本の特長

　この本には日本語初級文法が全部まとめられています。初級文法を、わかりやすい説明と例文を読みながら、一人で勉強することができます。また、CDをききながら、電車の中などでも勉強できます。正しく理解できたかどうかを知るためには、練習問題をやってみてください。

　この本は特に、次のような方々に使っていただきたいと思います。

1. 「日本語能力試験3級」を受ける人
2. 日本語の初級を勉強している人
3. 初級の復習をしたい人

本の内容

第1部　文法

　「日本語能力試験3級出題基準」の文法項目です。3級の文法は初級の後半の文法ですから、この本の「文法」は日本語文法の基礎の総まとめとして、たいへん重要です。

第2部　重要語40のポイント

　「日本語能力試験3級出題基準」の中の、重要で試験に出る可能性の高い言葉です。「あいうえお」順に並んでいます。

第3部　まちがいやすい言葉

　同じ語を使ったいろいろな表現を集めました。形が似ていて、まちがえやすいので、よく注意してください。説明と例文で、それぞれのちがいをしっかり覚えましょう。

第4部　読み物

　初級で勉強する文法や表現の入った文章です。文の後に問題がありますから、理解度をチェックするのに利用してください。

インデックス

　この索引を見れば、「日本語能力試験3級」に出る語彙がわかります。＊のついていない言葉は、3級に出る言葉ですから、全部覚えなければなりません。

　この本には、別に、英語版があります。説明文と例文が英語に翻訳されていますから、これを利用すれば、さらに良い勉強ができるでしょう。

録音ＣＤについて

　ＣＤ2枚には、日本人のアナウンサー2名が、本文中の『例文』を、美しい標準日本語で吹き込んでおります。

FORWARD

Guide To Using the Book

This book summarizes all of Japanese "Basic" level grammar. It can be used for individual study using the simple explanations and examples. In addition you can study while traveling by listening to the accompanying CD. To check your understanding, please also try the practice problems.

This book is aimed at
1) Those taking the Japanese Proficiency Test 3rd Grade
2) Those studying basic Japanese
3) Anyone who wants to review basic grammar

* An English version of this book is available. The explanations and examples are translated to speed your understanding of the grammar points. This book is available from UNICOM Inc.,(Tel.(03)5496-7650).

CONTENTS
I. Grammar

Japanese Proficiency Test 3rd Grade grammar represents the latter half of a Basic Japanese course so this book's "Grammar" section is important as a collection of fundamental grammar points.

II. 40 Important Points

This section contains words that because of their

importance have a high probability of appearing in the examination. They are presented in Japanese "a i u e o" order.

III. Confusing Words
A collection of various expressions using similar words. The forms are similar and easy to confuse so please take care. Learn the differences by studying the explanations and examples.

IV. Readings
Contain sentences that use grammar and expressions studied at Basic level. Please use the problems at the end to check your understanding of the piece.

V. Index (At the back of the book)
This index can be used to check which words may appear in the examination. Words without a * are 3rd grade level and should be learnt.

目　次

日本語能力試験 3 級
今までに出た問題

3 級　文字・語彙（35分）

問題 I　つぎの 文の＿＿＿の ことばは どう 読みますか。
1・2・3・4から いちばん いい ものを 一つ えらび
なさい。

（例）これは 千円です。

千円　　1 せんえん　2 せんねん
　　　　3 ぜんえん　4 ぜんねん

（解答用紙）　　（例）　　● ② ③ ④

問1　大切な 仕事が　あるので、急いで 帰らなければ
　　（1）（2）　　　　　　（3）　（4）
なりません。

(1) 大切な　　　　　1 だいじな　　　　2 たいじな
　　　　　　　　　　3 だいせつな　　　4 たいせつな
(2) 仕事　　　　　　1 しじ　　　　　　2 ようじ
　　　　　　　　　　3 しごと　　　　　4 ようごと
(3) 急いで　　　　　1 さわいで　　　　2 いそいで
　　　　　　　　　　3 およいで　　　　4 はやいで
(4) 帰らなければ　　1 かえらなければ　2 まがらなければ
　　　　　　　　　　3 もどらなければ　4 わたらなければ

文の中の漢字を読む問題が出される。「きゃ、きゅ、きょ」「しゃ、しゅ、しょ」「ちゃ、ちゅ、ちょ」など、小さい字の読み方や「た」と「だ」「か」「が」など、いつも発音に気を付けて、正しい発音で話すようにしてください。

問題Ⅱ　つぎの　文の＿＿＿＿の　ことばは　どう　書きますか。
　　　　1・2・3・4からえらびなさい。

（例）　　げつようびに　行きました。

　　　　　げつ　　　1 日　　　　2 火　　　　3 月　　　　4 水

　　　　（解答用紙）　①　②　●　④

問1　きょねんの　はる、そつぎょうしきが　おわってから
　　　（　1　）　（　2　）　　　　　　　　　　（　3　）
　　　日本へ　来ました。

　　　(1)　きょねん　1 去年　2 昨年　3 先年　4 前年
　　　(2)　はる　　　1 秋　　2 春　　3 夏　　4 冬
　　　(3)　おわって　1 教わって　　　　2 変わって
　　　　　　　　　　　3 終わって　　　　4 後わって

　　文章の中のひらがなを、漢字になおす問題。答にまちがえやすい漢字が並んでいるので気を付けなければなりません。

問題III　つぎの 文の＿＿＿の ところに 何を 入れますか。
　　　　1・2・3・4から いちばん いい ものを 一つ えらび
　　　　なさい。

（例）　＿＿＿でも のみませんか。

　　　　1 ごはん　2 おちゃ　3 さかな　4 ケーキ

（解答用紙）　①　●　③　④

　正しいことばをえらぶ問題。ここに出されることばは、
みんな「実力アップ！日本語能力試験　3級」に出ている
ので、この本を読めばこの問題は100％できます。しっかり
本に出ていることばをおぼえましょう。

問題IV　つぎの＿＿＿の 文と だいたい おなじ いみの
　　　　文は どれですか。1・2・3・4から いちばん
　　　　いい ものを 一つ えらびなさい。

（例）　こんばん テレビを 見ます。

　　　　1 きょうの あさ テレビを 見ます。
　　　　2 きょうの ひる テレビを 見ます。
　　　　3 きょうの ゆうがた テレビを 見ます。
　　　　4 きょうの よる テレビを 見ます。

（解答用紙）　①　②　③　●

3級　読解・文法（70分）━━━━━

問題Ⅰ　＿＿＿の ところに どんな ことばを 入れたら
　　　　いいですか。1・2・3・4 から いちばん いい
　　　　ものを 一つ えらびなさい。

（例）　私は まいあさ しんぶん＿＿＿＿読みます。

　　　　1 が　　2 の　　3 を　　4 で

（解答用紙）　（例）　① ② ● ④

　文法の助詞の問題です。あまり難しいものは出ません。
きほん的な使い方をよくおぼえれば、かんたんに答えられ
る問題ばかりです。

問題Ⅱ，Ⅲ
　　（3）私に 名前を つけて＿＿＿＿のは おじいさんです。

　　　　1 やった　2 くれた　3 あげた　4 もらった

　文法を理解して、動詞・形容詞の形をしっかりおぼえま
しょう。

（例）お酒をのまない<u>ように</u>言いましょう。
　　　お人形の<u>ような</u>人です。

14

問題Ⅳ

(2) A「すみませんが、きょう はやく 帰らせて
　　　いただけませんか。」
　　B「どう したんですか。」
　　A「じつは、子どもが 病気＿＿＿＿＿。」

　　1 から　　　　2 からです
　　3 なんです　　4 なんですから

　会話を完成する問題です。AさんとBさんの関係に気を
付けて読んでください。二人の関係は友達ですか、上司と
部下ですか、あまり親しくない関係ですか、などに注意し
てください。

問題Ⅴ　つぎの ぶんしょうを 読んで、しつもんに 答えな
　　　　さい。答えは 1・2・3・4から いちばん いい ものを
　　　　一つ えらびなさい。

(1) うちには 5年まえから 犬が いるが、先月から
　　ねこも いる。友だちがくれたのだ。
　　　ねこは 自分で さんぽして くれるから、犬より
　　べんりな ペットかもしれないと 思いはじめた。

【しつもん】　どれが ただしいですか。
　　　　　　　　1 友だちに あげた。
　　　　　　　　2 友だちに 売った。
この 人は ねこを　3 友だちから もらった。
　　　　　　　　4 友だちから 買った。

15

3〜4行の短い文を読んで答える問題です。まず［しつもん］を読んでから、問題文を読み、正しい答えをさがしてください。

問題 Ⅵ

　日本語は難しい。ひらがな、カタカナ、（　ア　）。
カタカナの外来語はおぼえにくい。敬語は……。

　　1.漢字　2.アルファベット　3.文法　4.手書き

　8行ぐらいの長めの文を読む問題です。（　　　）に正しい言葉や文をいれます。この問題も答にさっと目を通してから文を読みはじめる方が早くできるでしょう。

第 1 部

文　法

1 あげる・もらう・くれる

|

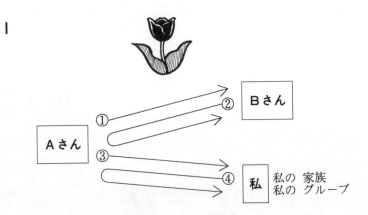

①Aは Bに 花を あげます
②Bは Aに 花を もらいます
③Aは 私に 花を くれます
④私は Aに 花を もらいます

【ドリル】（上の 絵で）
1.A「私は Bさんに 花を＿＿＿＿ました。」
2.B「私は Aさんに 花を＿＿＿＿ました。」
3.B「Aさんは 私に 花を＿＿＿＿ました。」
　　A)もらい　B)くれ　C)あげ

答 1.C　2.A　3.B

18

II

いい ことを する

例：「英語を 教える」

Bさん

Aさん

私 私の 家族
　　私の グループ

①Aは Bに 英語を 教えて あげます。
②Bは Aに 英語を 教えて もらいます。
③Aは 私に 英語を 教えて くれます。
④私は Aに 英語を 教えて もらいます。

◇!◇「（人）の （物）を」の 文では、「（人）に」と 言わない。
　　×私は シンさんに 荷物を 持って あげました。
　　○私は シンさんの 荷物を 持って あげました。
　なぜなら：
　　　私は ~~シンさんに~~ ［シンさんの 荷物を］持って
　　　あげました 。
　　→ 私は ［シンさんの 荷物を］持って あげました。

1.私は トムさんに 英語の 手紙を 翻訳して もらい
　ました。
2.トムさんは 忙しいのに、手紙を 翻訳して くれました。
3.私は お礼に トムさんに ケーキを 作って あげました。

III Aが 上の 人の 場合

(私は Aに)(〜て) あげる→**さしあげる**

(私は Aに)(〜て) もらう→**いただく**

(Aは 私に)(〜て) くれる→**くださる**

Aが 下の 人の 場合

(私は Aに)(〜て) **あげる・やる**

＊下の 人＝子供・弟・妹・動物・花

【ドリル】

1.友子さんは 私の 妹に きれいな 絵を_____。

　　A)あげた　B)もらった　C)くれた　D)やった

2.先生が とても ていねいに 説明して_____ので、私は
うれしかった。

　　A)いただいた　B)くださった　C)さしあげた　D)やった

3.私は いつも 子供に 英語を 教えて_____ます。

　　A)さしあげ　B)ください　C)くれ　D)やり

4.私達は 先生に 写真を 撮って_____ました。私達も
先生の 写真を 撮って_____ました。

　　A)いただき、さしあげ

　　B)くれ、あげ

　　C)さしあげ、いただき

　　D)あげ、もらい

答 1.C　2.B　3.D　4.A

練習問題

1. 私は 料理が 上手な 友達＿＿＿＿＿ケーキを 作って もらいました。

    A)に B)の C)から D)と

2. リンさんは 私＿＿＿＿＿きれいな お皿を くれました。

    A)が B)を C)に D)へ

    →私は リンさんに きれいな お皿を＿＿＿＿＿ました。

    A)くれ B)もらい C)あげ D)やり

3. ラさんは 私に 夏休みの 写真を 見せて＿＿＿＿＿ました。

    A)くれ B)もらい C)あげ D)やり

    →私は ラさんに 夏休みの 写真を 見せて＿＿＿＿＿ました。

    A)やり B)あげ C)くれ D)もらい

4. ヤンさんは 仕事＿①＿手伝って くれました。
   私も、ヤンさんが 忙しい とき、手伝って＿②＿ました。

    ① A)に B)を C)が D)の
    ② A)くれ B)もらい C)あげ

5. 私は いつも 弟に 難しい 漢字を 教えて＿＿＿＿＿ます。
   でも、弟は なかなか 覚えません。

    A)やり B)くれ C)もらい

答 1.A 2.C,B 3.A,D 4.①B, ②C 5.A

6.山田さんは 私に 山で とった 花の 写真を＿＿＿＿＿。
　　A)あげた　B)もらった　C)くれた　D)いただいた

7.知らない 人が「百円 あげます。」と 言ったら、
　あなたは＿＿＿＿ますか。
　　A)くれ　B)あげ　C)ください　D)もらい

8.子供の 宿題を 手伝って＿＿＿＿＿が、難しくて あまり
　よく わからなかった。
　　A)もらった　B)やった　C)くれた　D)さしあげた

9.デパートで「プレゼント用です」と 言って、リボンを
　つけて＿＿＿＿。
　　A)あげた　B)くれた　C)もらった　D)やった

10.社長に 私たちの 気持ちを わかって＿＿＿＿と 思う。
　　A)あげたい　　　B)さしあげたい
　　C)いただきたい　D)くださりたい

11.山田さんは そば屋の 電話番号を 知らないので、
　山田さんに 電話番号 を 教えて＿＿＿＿＿＿＿。
　　A)くれて ください　　B)あげて ください
　　C)もらって ください

答 6.C　7.D　8.B　9.C　10.C　11.B

2 比較(ひかく)

A. AとB(と)では どちらが 〜ですか
　　AとBと どちらが 〜ですか
1. アメリカと 日本とでは どちらが 広いですか。
2. 雑誌(ざっし)と 辞書では どちらが 厚(あつ)いですか。

B. [A＞B] の とき
　　Aの ほうが Bより 〜です
1. アメリカの ほうが 日本より 広いです。
2. 辞書の ほうが 雑誌より 厚いです。

C. [A＝B] の とき
　　どちらも〜です
1. 「野菜(やさい)と 肉とでは どちらが 好きですか。」
　　「どちらも 好きです。」

D. 〜(の中)で(は) 何が いちばん 〜 か
1. スポーツでは 何が いちばん 人気(にんき)が ありますか。
2. 動物の 中で 何が いちばん 大きいですか。

E. 〜が いちばん 〜です
1. サッカーが いちばん 人気が あります。
2. クジラが いちばん 大きいです。

F. Aと Bと Cでは、どれが いちばん 〜ですか
1. 「万年筆(まんねんひつ)と ボールペンと シャープペンシルでは
　　どれが いちばん 書きやすいですか。」
　　「ボールペンが いちばん 書きやすいです。」

G. ～は ［名詞］の ほうが ～

　　～は ［形容詞］い／な ほうが ～

1.「テープと ＣＤとでは どちらが 値段が 安いですか。」

　「テープの ほうが ＣＤより 安いです。」

　「では、音は どうですか。」

　「音は ＣＤの ほうが テープより いいです。」

2.コーヒーは うすい ほうが 好きです。

3.子どもは 元気な ほうがいい。

H. Bは Aほど(は) ～ない

```
┌─────────────────────┐
│  人 < 車 < 飛行機    │
│   ハヤイ  ハヤイ      │
└─────────────────────┘
```

1.「車は 人より 速いですね。」

　「はい、速いです。」

　「では、車は 飛行機と 同じくらい 速いですか。」

　「いいえ、車は 速いですが、飛行機ほど 速くありま
　　せん。」

2.「日本の 夏は 暑いですね。」

　「そうですね。フランスの 夏は どうですか。」

　「フランスの 夏は 暑いですが、日本の 夏ほどは 暑
　　くないです。」

24

練習問題

1. 今年の 夏は 去年の 夏＿＿＿＿、暑くないです。
   A)ほど B)より C)くらい D)と

2. 日本語＿＿＿＿＿韓国語と どちらが やさしいですか。
   A)より B)が C)ほど D)と

3. ホテルは＿＿＿＿＿ほうが いいです。
   A)静か B)静かな C)静かに D)静かだ

4. 「缶ジュースの 中で 何が いちばん おいしいですか。」
   「オレンジジュース＿＿＿＿＿＿＿おいしいです。」
   A)の ほうが いちばん B)より いちばん
   C)を いちばん D)が いちばん

5. 「象と クジラとでは どちらが 大きいですか。」
   「クジラ＿＿＿＿＿＿＿＿＿＿＿＿。」
   A)は 大きいです
   B)が いちばん 大きいです
   C)の ほうが 象より 大きいです
   D)の ほうが いちばん 大きいです

答 1.A 2.D 3.B 4.D 5.C

3 て形_{けい}

Ⅰ 「て形」の 作り方

動詞

Ⅰグループの 動詞	Ⅱグループの動詞
書く → 書いて	見る → 見て
泳ぐ → 泳いで	教える → 教えて
話す → 話して	寝る → 寝て
行く → 行って	
待つ → 待って	**Ⅲグループの動詞**
買う → 買って	する → して
売る → 売って	来る → 来て（きて）
ある → あって	
死ぬ → 死んで	
遊ぶ → 遊んで	
読む → 読んで	

形容詞　　い形容詞　　やさしい→やさしくて

＊いい→よくて

な形容詞　　きれいな→きれいで

◆「ない」→なくて　　寒くない→寒くなくて

Ⅱ 「て形」の 使い方

A. そして

やすい＋おいしい → やすくて おいしい

きれいな＋やさしい→きれいで やさしい

1. りんごは 甘くて 少し すっぱい。
2. 丈夫で 使い やすい かばんが ほしい です。

B. それから

①　6時に　起きる。

→②　食事を　する。

→③　新聞を　読む。

→④　7時に　家を　出る。

1.毎朝　6時に　起きて、食事を　して、新聞を　読んで、
　7時に　家を　出ます。

C. それで・だから

1.風邪を　引いて　学校を　休みました。

2.日本の　牛肉は　高くて　買えません。

⚠ この「て形の　文」の　終わりに　意志形、命令形などは
　使えない。

×暑くて　窓を　開けて　ください。

×暑くて　窓を　開けましょう。

○暑いから、窓を　開けて　ください。

○暑いから、窓を　開けましょう。

D. やりかた(方法・手段)

1.「どうやって　会社へ　行きますか。バスですか。」
　「歩いて　行きます。」

2.辞書を　引いて　言葉の　意味を　調べます。

3.道を　渡る　ときは、よく　注意して　渡りましょう。

4.立って　話して　いたら　つかれたね。座って　話そうよ。

Ⅲ 「て ある・て いる」

① まどが しまって います。

② 「暑い ですね。」
女の 子は 今 窓を あけて
います。

③ 窓が あけて あります。
「どうして?」
「暑い から。」
「だれが あけたの?」
「女の 子が あけたん
です。」

CD
A#08

A. 〜て ある

　前に だれかが 何かの 理由で それを した

→ 今 して ある

　《〜が 他動詞て形＋ある》

1. 朝に なると パン屋さんは パンを 店に 並べます。

　今日も おいしい パンが 店に 並べて あります。

2. 「パスポートは どうした。」

　「かばんの 中に 入れて あります。なくさない よう

　に、さっき 入れたんです。」

B. 〜て いる

　今 見える こと だけを 言う

　《〜が 自動詞て形＋いる》

1. ビルの 窓に たくさん 電気が ついて いるね。きれい

　だなあ。

2. 川の 両側に 大きな 木が 並んで います。

　川には 小さな 橋が かかって います。

「て いる」の いろいろな 使いかた

3. 父は 今 本を 読んで いる。

4. 私は 毎日 ジャパンタイムズを 読んで いる。

　（いつも＝習慣）

5. 兄は 医者を して いる。（職業）

6. その 話は もう 聞いて いる。（経験）

7. めがねを かけて いる。

8. 結婚して いる。

IV 「ても」

A.(たとえ)〜ても

1. 「雨が 降ったら、サッカーを 見に 行かないんですか。」

   「いいえ、たとえ 雨が 降っても 台風が 来ても、私は 絶対 見に 行きます。」

2. 「夕方の 7時に なったら 暗く なる でしょう。」

   「いいえ、私の 国では 夏は 9時に なっても まだ 明るいんです。」

B. ても いい、ては いけない

1. 「ここで タバコを 吸っても いいですか。」

   「いいえ、ここで タバコを 吸っては いけません。あちらで どうぞ。あちらなら 吸っても いいですよ。」

2. 時間は 十分 ありますから、 急がなくても いいです。

3. いい 車なら 大きくなくても いいです。小さくても いいです。

4. 「今 すぐに 行かなくても いいのですか。」

   「いいえ、今 すぐ 行かなければ なりません。」

C. どんなに／いくら〜ても

1. たくさん 食べたら、ふつうは 太るはずなのに、いくら 食べても 太らない 人が いる。

2. 試験が どんなに 難しくても、がんばろう。

V 「て形」の表現

A. てから

《A てから、B》［A、その 後、B］

1. ひらがなを 習ってから、カタカナを 習いました。
2. 泳ぐ 前に 食べると 体に 悪いから、泳いでから 晩御飯を 食べに 行きましょう。

B. て みる

1. デパートの 食料品売り場では、買う 前に ちょっと 食べて みる ことが できます。食べて みて おいしかったら 買います。
2. 「新しく できた あの 旅館に 行って みましたか。」
   「いいえ、まだです。一度 泊まって みたいと 思って います。」

「て みて ください」＝「て ごらんなさい」

3. この お酒を 飲んで みて ください。おいしい ですよ。
   ＝この お酒を 飲んで ごらんなさい。おいしい ですよ。

C. て しまう
a. 全部 終わる

1. 作文を 書いて しまったら、公園に 行きましょう。
2. 10時までに 会議の 準備を して しまわなければ ならない。

b. 失敗する・残念だと 思う

1. 大切な 結婚指輪を なくして しまいました。
2. 子犬が きのう 死んで しまいました。

D. て おく

《～を＋他動詞て形＋おく》

前に 準備する

1. 先生の お宅に 伺う 前に、 電話を かけて おく ほう が いいですよ。

2. 子供が 小学校に 入るので、 机や かばんを 買って おきます。

E. て ほしい、て もらいたい

人に 頼みたい（動作を するのは 他の 人）

1. 先生、もう 少し ゆっくり 話して ほしいんですが。

2. A 「すみません。この 荷物を 2月4日までに 届けて もらいたいのですが。」

　 B 「はい、かしこまりました。」

　　 （Bさんが 届ける）

F. て くる

［だんだん～なる］このごろ 変わって いる

1. 寒く なって きましたね。お元気ですか。

2. 去年 ここに 工場が できてから、川の 水が 汚れて きた。

G. て いく

［だんだん～なる］これから 変わる

1. もう 3月です。これから、どんどん 暖かく なって いくでしょう。

2. 最近 日本へ 来る 留学生が 多く なって きた。 これからも 多く なって いく だろう。

32

練習問題

1.遅く なったので、＿＿＿＿＿学校へ 来ました。
    A)走り　B)走りて　C)走って

2.そんなに 急いで 国に 帰らないで、もっと 日本に
    ＿＿＿＿＿ください。
    A)いて　B)いって　C)いる

3.名前を はっきり＿＿＿＿＿ください。
    A)かきて　B)かいて　C)かって

4.私は 夜 早く＿＿＿＿＿、朝 早く 起きます。
    A)寝ます　B)寝て　C)寝る

5.ホアンさんの 部屋は＿＿＿＿＿明るいです。
    A)広いと　B)広いで　C)広くて

6.あの デパートの 店員は みんな＿＿＿＿＿、親切です。
    A)きれいで　B)きれくて　C)きれいに

7.地震の ニュースを＿＿＿＿＿、びっくりしました。
    A)きて　B)ききて　C)きいて

答　1.C　2.A　3.B　4.B　5.C　6.A　7.C

8.部屋が_____、風邪を 引いて しまいました。
    A)さむくて B)さむいで C)さむかって

9.頭が 痛かったので、薬を_____寝ました。
    A)のみて B)のむて C)のんで

10.うちの 猫が 病気で_____しまいました。
    A)しんで B)しって C)しにて

11.風で 窓が_____しまいました。
    A)あいて B)あけて C)あきて

12.6時に_____、子供の お弁当を_____、朝ごはんを
  食べて、仕事に 出かけます。
    A)おきて、つくって B)おきって、つくって
    C)おって、つくって

【問題B】
1.あそこに 赤い 旗が_____ね。どうしてですか。
    A)立って あります B)立てて います
    C)立って います

2.日本語学校の 案内書は たいてい 日本語と 英語と
  中国語で_____。
    A)書いて あります   B)書いて います
    C)書けて います

答 8.A 9.C 10.A 11.A 12.A 【B】1.C 2.A

3.缶_{かん}ジュースには 砂糖_{さ とう}が たくさん＿＿＿＿＿＿＿＿。

    A)はいって あります　B)いれて います

    C)はいって います

4.切符売り場_{きっぷ う ば}に 人が あんなに たくさん＿＿＿＿＿＿。

    A)並_{なら}びます　B)並んで います　C)並べて います

5.電気代_{でん き だい}が 高いから、電気が いつも＿＿＿＿＿＿＿。

    A)消_きえて あります　　B)消して います

    C)消して あります

6.学生が サッカーの 練習_{れんしゅう}を＿＿＿＿＿＿。楽しそうです。

    A)して あります　B)して います　C)して みます

7.「2階の 窓_{まど}は 全部_{ぜん ぶ}＿＿＿＿＿＿＿＿か。」

  「ええ、さっき 松下さんが＿＿＿＿＿＿から、大丈夫_{だいじょうぶ}、

  ＿＿＿＿＿＿＿＿。」

    A)閉_しめました、閉まりました、閉めて あります

    B)閉めて あります、閉めました、閉めて あります

    C)閉まって あります、閉めて いました、閉めました

8.「夕食_{ゆうしょく}の 支度_{し たく}は もう できましたか。」

  「さっき、母が 支度を＿＿＿＿＿＿＿。そろそろ 支度が

  ＿＿＿＿＿＿だろうと 思います。」

    A)して いました、できて いる

    B)しました、して いる

    C)して ありました、できて いる

答 3.C　4.B　5.C　6.B　7.B　8.A

9.「カンさんは もう 結婚＿＿＿＿＿か。」

「いいえ、彼は まだ 独身でしょう。」

A)して あります　B)します　C)して います

10.私の 祖父は 医者を＿＿＿＿＿。

A)して ありました　B)して いました　C)しました

【問題C】

1.さっき 冷蔵庫に 入れて＿＿＿＿ジュースは もう
冷えて いるかな。

A)ある　B)いる　C)しまった　D)おいた

2.旅行に 行く 前に、地図を 買って＿＿＿＿。

A)います　B)あります　C)おきます　D)します

3.先週 送って＿＿＿＿書類は もう 届きましたか。

A)おいた　B)いた　C)あった　D)みた

4.「機械が 動かないんです。」

「それじゃ、この ボタンを 押して＿＿＿＿ください。」

「 ……。あっ、動いた。 」

A)みて　B)しまって　C)あって　D)いって

5.のどが 痛い。風邪を 引いて＿＿＿＿らしい。

A)しまった　B)いた　C)おいた　D)みた

答 9.C　10.B　【C】1.D　2.C　3.A　4.A　5.A

6.これを 英語に 翻訳_____のですが。
 A)するのを いただきたい
 B)して いただけません
 C)して いただきたい
 D)するのが ほしい

7.私は あなたに ずっと 日本に いて_____と
 思います。
 A)ください　B)みたい　C)たい　D)ほしい

8.「ジーンズを はいて 会社に_____。」
 「いいえ、ジーンズを はいて_____。」
 A)来ては いけませんか、来ても いいです
 B)来なければ なりませんか、
 　来なければ なりません
 C)来ても いいですか、来ても いいです
 D)来なくても いいですか、来なくても いいです

9.「すぐに 手術を_____。」
 「はい、_____。」
 A)しなければ なりませんか、
 　しなくても いいです
 B)しなければ なりませんか、
 　しなければ なりません
 C)しても いいですか
 　しては いけません
 D)しなくても いいですか、
 　しなければ なりません
答 6.C　7.D　8.A　9.B

10.この 薬は いくら 飲んでも、だめです。今度 別の
薬を 飲んで＿＿＿＿＿＿。
A)いきましょう　B)しまいましょう
C)みましょう　　D)いましょう

11.練習が どんなに、＿＿＿＿＿がんばりましょう。
A)厳しくて　　B)厳しかったら
C)厳しくても　D)厳しくては

12.たとえ 熱が＿＿＿、旅行には 絶対 行きます。
A)あれば　B)あったら　C)あるのに　D)あっても

13.私は いくら お酒を＿＿＿顔が 赤く なりません。
A)飲んでも　　B)飲むけれど
C)飲むのに　　D)飲むが

14.どんなに 大きい 地震が＿＿＿、この 建物は
壊れないだろう。
A)起きても　B)起きて しまって
C)起きたら　D)起きて みても

15.「仕事を さがして いるんですが。いい 仕事は あり
ませんか。」
「おもしろい 仕事が ありますよ。給料が 高く
＿＿＿＿＿いいですか。」
「高くないと、ちょっと……。」
A)ないと　B)なければ　C)なくては　D)なくても

答 10.C　11.C　12.D　13.A　14.A　15.D

4 意志形

I 「意志形」の 作り方

I グループの 動詞

会う …… 会~~う~~+（あいうえ）お＋う→**会おう**

書く …… 書~~く~~+（かきくけ）こ＋う→**書こう**

話す …… 話~~す~~+（さしすせ）そ＋う→**話そう**

立つ …… 立~~つ~~+（たちつて）と＋う→**立とう**

II グループの 動詞

寝る …… 寝~~る~~+よう→**寝よう**

食べる …… 食べ~~る~~+よう→**食べよう**

III グループの 動詞

する→**しよう**　　来る→**来よう**（こよう）

II 「意志形」の 使い方

A. 《意志形＋と 思って います》 ～つもり です

1. 私は 大きい 会社 に 勤めようと 思って います。

 ＝私は 大きい 会社に 勤める つもりです。

2. 私は 医者に なろうと 思って います。

 ＝私は 医者に なる つもりです。

3. 病気の とき とても 苦しかったけれど、 死のうとは 思いませんでした。

B. さそう（誘う）とき

1. ああ おなかが すいた。 早く 食事に 行こうよ。

 ＝一緒に 食べに 行きましょう。

39

練習問題

1.今度の 日曜日は、ゆっくり＿＿＿＿＿と 思って います。
　A)休もう　B)休む つもり　C)休みの つもり

2.「どれぐらい 日本語を 勉強しますか。」
　「1年ぐらい 勉強＿＿＿＿＿と 思って います。」
　A)する　B)しよう　C)しろう

3.「卒業してから どうしますか。」
　「新聞記者に＿＿＿＿と 考えて います。」
　A)なる　B)なろう　C)なるよう

4.「いつ 大学の 試験を 受けますか。」
　「来年＿＿＿＿＿と 思いますが…。」
　A)受けます　B)受けろう　C)受けよう

5.いつも 遅れるから 明日は 早く 学校に＿＿＿＿＿＿。
　A)きよう　B)こよう　C)くるよう

6.朝は 早く＿＿＿＿と 言われるので、早く＿＿＿＿と
　思うのですが、なかなか 起きられません。
　A)起きろ、起きよう　B)起きよう、起きられよう
　C)起きる、起きよう

答 1.A　2.B　3.B　4.C　5.B　6.A

40

5 可能形

I 「可能形」の 作り方

I グループの 動詞

買う …… （あいう）え＋る→ **買える**

書く …… （かきく）け＋る→ **書ける**

話す …… （さしす）せ＋る→ **話せる**

持つ …… （たちつ）て＋る→ **持てる**

II グループの 動詞

始める …… 始め<s>る</s>＋られる → **始められる**

調べる …… 調べ<s>る</s>＋られる → **調べられる**

III グループの 動詞

する→**できる**　来る→**来られる**（こられる）

II 「可能形」の 使い方

A. する 力が ある

1.オリンピックの 選手は とても はやく 泳げます。
2.あなたは 自転車に 乗れますか。
3.私は 英語の 新聞が 読めます。
4.私は 漢字が きれいに 書けません。

B. しても いい、だいじょうぶだ

1.この 部屋で タバコが 吸えますか。
2.この 水は きたなくて 飲めません。

CD
A#14

C. 性質

1. その 本は よく 売れます。ベストセラーです。

2. この ナイフは よく 切れるので 気をつけて。

D. 見える

《～が 見える》

a. 見ようと 思わなくても、目に 入って くる。

1. 窓から 海が 見える。すばらしい 景色だ。

2. 天気が 悪くて 富士山が 見えませんでした。

b. 見る 力が ある

3. 猫は 暗い ところでも 目が 見える。

4. めがねを かけると、遠くまで よく 見える。

⚠️「見る」「見える」「見られる」「見ることができる」

5. 私は 花が 好きだから、毎日 花を 見る。

6. 息子の 部屋から 隣の 公園が よく 見えるので、
　彼は すぐ 勉強を やめて 遊びに 行って しまう。

7. 千円で おもしろい 映画が 見られる。
　(「見られる」見ようと 思って「見る ことが できる」)

8. この 病院では 入院中は テレビを 見る ことは
　できません。
　(規則の ために できない 場合に 使う ことが 多い)

42

E. 聞こえる

《～が 聞こえる》

a. 聞こうと 思わなくても、耳に 入って くる。

1. 隣の テレビの 音が いつも 聞こえる。うるさくて
勉強が できない。

b. 聞く 力が ある

2. 年を とると 耳が 遠くなり、人の 話が 聞こえなく
なります。

◇「聞ける」≠「聞こえる」

「聞ける」聞こうと 思って「聞く ことが できる」

3. ウォークマンが あるので、歩きながら 好きな 音楽が
聞ける。

4. 犬には 人間に 聞こえない 音が 聞こえるそうだ。

練習問題

1.新宿では 千円で いい 映画＿＿＿＿＿＿＿。
　A)を 見えます　　B)が 見ます
　C)が 見えます　　D)が 見られます

2.ピアニストは 上手に ピアノ＿＿＿＿＿。
　A)が ひきます　　B)が ひけます
　C)を ひかれます　D)が ひかれます

3.彼は 自動車の 運転＿＿＿＿＿。
　A)が します　　　B)が しられます
　C)が できます　　D)を しれます

4.「明日 学校に＿＿＿＿＿＿＿。」
　「はい、来ます。」
　A)来れますか　　　B)来られますか
　C)来させられますか

5.この 辞書で 漢字の 読み方が＿＿＿＿＿。
　A)調べます　　　　B)調べれる
　C)調べましょう　　D)調べられます

6.夜の あいだ ずっと 風の 音が＿＿＿＿眠れなかった。
　A)きけて　B)きかれて　C)きこえて

答 1.D　2.B　3.C　4.B　5.D　6.C

44

7.目鏡を はずすと、何も_____。
   A)見ません　B)見えません　C)見られません

8.祖父は 年を とって 耳が_____なく なった。
   A)きけ　B)きこえ　C)きか　D)きかれた

9.となりの 部屋から 変な 声が_____。
   行って みると、子猫が たくさん 生まれて いた。
   A)きけた　B)きこえた　C)きいた　D)きかれた

10.先生の 声が_____ないので、前の ほうの 席に
   移った。
   A)きけ　B)きこえ　C)きかれ　D)きか

11.アジア・センターへ 行けば、アジアの 民族音楽の
   ＣＤが_____。
   A）きこえます　　　　B）きけます
   C）ききます　　　　　D）きかれます

12.ここは いなかなので、新しい 映画は_____。
   A）見えません　　　B）見ません
   C）見られません　　D）見つかりません

13.目が_____人は 指で 字を 読みます。
   A）見ない　　　　　B）見る ことが できない
   C）見られない　　　D）見えない

答 7.B　8.B　9.B　10.B　11.B　12.C　13.D

6 使役形

Ⅰ 「使役形」の 作り方

Ⅰグループの 動詞

行く …… 行か~~ない~~＋せる → **行かせる**

読む …… 読ま~~ない~~＋せる → **読ませる**

Ⅱグループの 動詞

食べる …… 食べ~~ない~~＋させる → **食べさせる**

変える …… 変え~~ない~~＋させる → **変えさせる**

Ⅲグループの 動詞

する → **させる**

来る → **来させる**（こさせる）

短い 使役形　行かせる＝行かす

食べさせる＝食べさす

使役受身形　行かせる → **行かせられる**

食べさせる → **食べさせられる**

来る → **来(こ)させられる**

する → **させられる**

短い 使役受身形（Ⅰグループ動詞だけ）

行かせられる → 行かされる

歌わせられる → 歌わされる

⚠「す」で 終わる 動詞は この 形を 使わない。

話す→ 話させられる　×話さされる

II 「使役形」の 文の 形と 使い方

A. 《Aは Bに（〜を） 〜使役形》（他動詞の文）

1.社長は 社員に 仕事を させる。

B. 《Aは Bを・に 〜使役形》（自動詞の文）

1.社長は 社員を 働かせる。

◇ 普通は 文の 中で「を」と「を」、「に」と「に」
を 重ねない。
子供を 買い物に 行かせる。（×子供に 買い物に）
子供に 公園を 散歩させる。（×子供を 公園を）

C. 「〜しろ」と 言う

1.母は 子供を 家まで 歩かせる。
2.スポーツクラブの 先生は 子供たちに 厳しい 練習を
させる。

◇ 相手が 上の 人の 場合は、使役形を 使わないで
「〜てもらう」を 使う。
×社長を 会議に 出席させた。
○社長に 会議に 出席して もらった。

D. 「〜しろ」と 言われて 困る

使役受身形
1.歌が へたなのに、カラオケで 二度も 歌わされた。
2.年を 書きたくないのに、書かされて しまった。

CD
A#17

E. 人が 自由に する　ままにして 止めない

1.若い ママは 子供を 一日中 公園で 遊ばせて いる。

2.彼女は 酒が 好きだから、たくさん 飲ませて

あげましょう。

F. 人の 気持ち 「～しろ」の意味はない。

1.彼は 家族に ぜんぜん 連絡しないで、みんなを 心配

させました。

　　（＝彼が 連絡しなかったので、みんなが 心配しました）

2.音楽は 私たちを 楽しませて くれる。

　　（＝私たちは 音楽を 聞いて 楽しむ）

G. ていねいな お願い 「～しろ」の 意味は ない。

1.すみません。明日は 休ませて いただきたいのですが。

　　（＝私は 明日 休みたい）

2.その 仕事は ぜひ 私に やらせて ください。

　　（＝私が やりたい）

◇　東京を 案内して ください。（案内する人は<u>相手の人</u>）
　　東京を <u>案内させて</u> ください。（案内する人は<u>私</u>）

48

練習問題

1. あの 店は 客に 高い 品物を 無理に_____。
   A)売らせる　B)買わせる　C)売らされる　D)買われる

2. この 書類は 英語なので、私には よく わかりません。
   あとで デミさんに_____。
   A)説明するでぉう　　　　　　　B)説明されましょう
   C)説明させられるでしょう　D)説明させましょう

3. トムさんは_____直されました。
   A)先生に 漢字を　　　B)先生を 漢字に
   C)先生が 漢字を　　　D)先生に 漢字が

4. 彼は 大きい 会社に 入って、_____。
   A)家族を 安心させた
   B)家族は 安心させた
   C)家族に 安心させた
   D)家族に 安心させられた

5.「だれか 歌って くれませんか。」
   「_____。」
   A)私に 歌って ください
   B)私に 歌わせて ください
   C)私に 歌わされて ください
   D)私を 歌わせられて ください

答 1.B　2.D　3.A　4.A　5.B

7 受身形
うけ み けい

I 「受身形」の 作り方

I グループの 動詞

読む …… 読ま~~ない~~＋れる → **読まれる**
よ

言う …… 言わ~~ない~~＋れる → **言われる**
い

作る …… 作ら~~ない~~＋れる → **作られる**
つく

II グループの 動詞

見る …… 見~~ない~~＋られる → **見られる**

ほめる ……ほめ~~ない~~＋られる → **ほめられる**

III グループの 動詞

する→ **される**

来る→ **来られる**（こられる）

【ドリル】受身形を作りなさい。

1.始める→ [   ]　　2.使う→ [   ]
はじ　　　　　　　　　　　　　　　つか

3.育てる→ [   ]　　4.聞く→ [   ]
そだ　　　　　　　　　　　　　　　き

5.決める→ [   ]　　6.呼ぶ→ [   ]
き　　　　　　　　　　　　　　　よ

7.建てる→ [   ]　　8.送る→ [   ]
た　　　　　　　　　　　　　　　おく

9.持って 来る→ [   ]　10.質問する→ [   ]
も　　　　　　　　　　　　　　しつもん

答 1.始められる 2.使われる 3.育てられる 4.聞かれる

5.決められる 6.呼ばれる 7.建てられる 8.送られる

9.持って 来られる 10.質問される

50

【受身文1】

Aが Bを ～する

　→〈Bは Aに ～受身形〉

　1.「母が 子供を ほめた」

　　　→子供は 母に ほめられた。

　2.「友だちが 私を 招待した」

　　　→私は 友だちに 招待された。

　3.「社長が 山田さんを 呼んだ」

　　　→山田さんは 社長に 呼ばれた。

【ドリル】

1.「母は 私を 朝 7時に 起こしました」の 受身文は

　「＿＿＿＿＿＿＿＿＿＿＿＿＿＿＿」です。

　　A)私は 朝 7時に 母を 起こされました

　　B)私は 朝 7時に 母に 起きられました

　　C)私は 朝 7時に 母に 起こされました

【受身文2】

　《人の ～を》

Aが Bの X(物)を ～する

　→〈Bは Aに X(物)を ～受身形〉

　1.「彼が 私の 年を 聞いた」

　　　→私は 彼に 年を 聞かれた。

　2.「男の 人が 私の お金を とった」

　　　→私は 男の 人に お金を とられた。

　3.「先生は 私の 作文を ほめた」

　　　→私は 先生に 作文を ほめられた。

答 1.C

【ドリル】

2.「妹が 私の ジュースを 飲んだ」の 受身文は、

「＿＿＿＿＿＿＿＿＿＿＿＿＿」です。

    A)私の ジュースを 妹は 飲まれた

    B)私は ジュースが 妹に 飲まれた

    C)私は ジュースを 妹に 飲まれた

3.「父が 私の 絵を ほめた」の 受身文は、「＿＿＿＿＿＿

＿＿＿＿＿＿＿。」です。

    A)私は 父に 絵を ほめられた。

    B)父は 私の 絵を ほめられた。

    C)父が 絵を ほめられた。

【受身文3】

「〜に」を 言わない 受身文

だれに されるかを はっきり 言う 必要が ない文

(人々が)／(だれかが)Bを 〜する

  →〈Bが ~~人々に~~〜受身形〉

  1.新聞は 毎日 6時に 配達されます。

  2.この 工場で テレビや ビデオが 作られて います。

  3.英語は 世界中で 話されて います。

⚠ 特に「だれに」を 言いたい とき

  4.新聞は 6時に アルバイトの 学生に よって 配達され

  ます。

  5.この 学校は ナポレオンに よって 作られた。

答 2.C　3.A

52

【ドリル】

4.90階の 新しい ビルが＿＿＿＿建てられる 予定です。

    A) I B N社に よって   B) I B N社を

    C) I B N社から

【受身文4】

「困る」「いやだ」と いう 意味の 文が 多い。

1.雨が 降りました。私は 困りました。

  →雨に 降られました。

2.南側に 高い ビルが 建った。部屋が 暗く なって

困った。

  →南側に ビルを 建てられて、部屋が 暗く なって

しまった。

3.ゆうべ 友達が 家に 来た。夜中の 3時まで いた。

そして、酒を たくさん 飲んだ。

  →ゆうべ 友達に 来られて、夜中の 3時まで いられ

た。そして、酒を たくさん 飲まれた。

4.風が 吹く。気持ちが いい。

  →風に 吹かれて、気持ちが いい。

⚠ 「ある」「見える」「聞こえる」「できる」などの

動詞には 受身形が ない。

   ×私は 試験が あまり よく できなかったのに、友達に

    よく できられて、恥ずかしく なった。

   ○友達は 試験が よく できたのに、私は あまり よく

    できなくて、恥かしく なった。

答 4.A

練習問題

1.警官_____注意された ことは 一度も ありません。

    A)が B)と C)に D)で

2.その 子は みんな_____愛されて います。

    A)が B)に C)は D)で

3.この 小説は 大江健三郎_____書かれた。

    A)に B)が C)から D)に よって

4.昨日 私は 父_____しかられた。

    A)を B)に C)が D)の

5.先生に 住所_____きかれました。

    A)を B)が C)は D)に

6.私は 友達に_____ました。

    A)招待し B)招待させ C)招待させられ D)招待され

7.社員は 給料を_____困って います。

    A)減らして   B)減らさせて

    C)減らせられて   D)減らされて

答 1.C　2.B　3.D　4.B　5.A　6.D　7.D

8.忙しい とき 秘書に＿＿＿＿＿と、たいへん 困ります。
A)休ませられる　B)休める　C)休まれる　D)休ませる

9.隣の 人に 歌を＿＿＿＿恥ずかしかった。
A)聞かれて　B)聞けて　C)聞こえて　D)聞かされて

10.彼は 奥さんに＿＿＿＿＿悲しんで いる。
A)死なされて　　　　B)死んで
C)死なれて　　　　　D)死なせて

11.さびしい とき 友達に＿＿＿＿＿＿うれしかった。
A)来られて　B)来て　C)来て もらって　D)来させて

12.ゼミの 先生に 研究室に＿＿＿＿＿＿＿＿＿＿＿。
A)呼ばれて、叱られた
B)呼ばれて、叱らさせた
C)呼んで もらって、叱られた
D)呼んで いただいて、叱られた

13.試験＿＿＿＿＿、遊べない。
A)に あられて　　　B)が あられて
C)が あるので　　　D)に あられるので

答 8.C　9.A　10.C　11.C　12.A　13.C

【問題B】

1.「ネコが ネズミを 食べた」の
受身文(うけみぶん)は「＿＿＿＿＿＿＿＿＿＿」です。

  A)ネズミは ネコを 食べられた

  B)ネコは ネズミを 食べさせられた

  C)ネズミは ネコに 食べられた

2.「若(わか)い 人が マンガを 読(よ)む」の
受身文は「＿＿＿＿＿＿＿＿＿＿」です。

  A)若い 人は マンガを 読まれる

  B)マンガは 若い 人から 読まれる

  C)マンガは 若い 人に 読まれる

3.「弟(おとうと)が 兄(あに)の ラジオを こわした」の
受身文は「＿＿＿＿＿＿＿＿＿＿＿」です。

  A)兄は 弟に ラジオを こわされた

  B)兄は 弟に ラジオを こわさせた

  C)兄は ラジオが 弟に こわされた

4.「警官(けいかん)が 私の 荷物(にもつ)を 調(しら)べた」の
受身文は「＿＿＿＿＿＿＿＿＿＿＿＿」です。

  A)私は 荷物に 警官を 調べられた

  B)私の 荷物は 警官に 調べさせた

  C)私は 警官に 荷物を 調べられた

答 1.C　2.C　3.A　4.C

56

5.「ニュースを テレビで 放送した」の
　受身文は「＿＿＿＿＿＿＿＿＿＿」です。
　　A)ニュースが テレビで 放送された
　　B)テレビが ニュースを 放送された
　　C)ニュースが テレビを 人々に 放送された

6.「私の 会社では Ｓ社の ワープロを 使って います」
　の 受身文は「＿＿＿＿＿＿＿＿＿＿＿＿」です。
　　A)私の 会社では Ｓ社の ワープロが 使われて います
　　B)Ｓ社の ワープロが 私の 会社に 使われて います
　　C)Ｓ社の ワープロを 私の 会社で 使われて います

7.「スペイン人は キリスト教を 日本に 伝えた」の
　受身文は「＿＿＿＿＿＿＿＿＿＿＿＿＿」です。
　　A)キリスト教は スペイン人に 日本へ 伝えられた
　　B)キリスト教は スペイン人に よって 伝えられた
　　C)キリスト教は スペイン人が　日本に 伝えられた

8.「駅に ポスターを はります」の
　受身文は「＿＿＿＿＿＿＿＿＿＿」です。
　　A)ポスターは 人々に よって 駅に はられます
　　B)駅に ポスターが はられます
　　C)駅に ポスターを はられます

答 5.A　6.A　7.B　8.B

8 敬語

I 敬語の 使い方

A. 上の 人に 対して 使う

「上の 人」……先生・会社の 上の 人・年上の 人 など。

1. 山田先生は 明日 何時に いらっしゃいますか。

B. あまり 親しくない 人・関係が 近くない 人に 対して
使う

1. お名前は なんと おっしゃいますか。

C. あらたまった ところで 使う。

1. では、みなさま、これから 会議を 始めさせて
いただきます。

II 敬語の 種類

A. 尊敬語 … 上の 人が する ことに 使う。
　　　　文の 主語は 「上の人」

1. 社長は もう お帰りに なりました。

B. 謙譲語 … 自分、または 家族・会社内の 人 など、
　　　　自分の グループの 人が する ことに 使う。
　　　　文の 主語は 自分、自分の グループの 人

1. 父は 今 出かけて おります。

C. 丁寧語 … 上下に 関係ない、きれいな 言い方

1. お天気・お金・お料理

よろしいです（いいです）

ございます（あります）　　〜で ございます（です）

III 「お」? 「ご」?

「お」＋和語（訓読み、漢字 一つの 言葉が 多い）
1. お花、お兄さん
2. お教え する、お読みに なる、「お分かりですか」
　　「お暑く なりました」「お恥ずかしい 話ですが」

「ご」＋漢語（音読み、漢字二つの言葉が多い）
3. ご旅行、ご入学、ご卒業、ご結婚
4. ご案内、ご説明、ご相談

　　◇ 漢字の 言葉でも 「お」を 使うもの
　　　　お時間、お勉強、お掃除 など

IV 敬語の 特別な 形

A. 尊敬語

> 行きます・来ます・います → いらっしゃいます

1. 社長は 明日 大阪へ いらっしゃいます。（行きます）
2. 先生は 今 いらっしゃいませんが、午後から こちらに
　　　　　　　　（いません）
　　いらっしゃるそうです。
　　　（来る）

> 言います → おっしゃいます

3. 先生が「来週 試験を する」と おっしゃいました。
　　　　　　　　　　　　　　　　　　（言いました）

知って います → ご存じです

4.上田さんを ご存じですか。
　　　　　　（知って いますか）

食べます・飲みます → 召し上がります

5.どうぞ、召し上がって ください。
　　　　　　（食べて・飲んで）

見ます → ご覧に なります

6.今朝の テレビの ニュースを ご覧に なりましたか。
　　　　　　　　　　　　　　　　（見ましたか）

します → なさいます

7.先生は テニスを なさいますか。
　　　　　　　　　（しますか）
8.社長は 今晩 出発なさいます。
　　　　　　　　　（します）

行きます・来ます → まいります

1. イギリスから まいりました クレイグと 申します。
　　　　　　　（来ました）　　　　　　　　（言います）

います → おります

2. 私は アメリカに 三年 おりました。（いました）

見ます → 拝見します・拝見いたします

3. この お写真を ちょっと 拝見しても よろしいでしょう
　か。　　　　　　　　　　　　（見ても）

会います → お目に かかります

4. さっき デミアンさんに　お目に かかりました。
　　　　　　　　　　　　　　（会いました）

聞きます → うかがいます

5. ちょっと、うかがいたい ことが あるんですが。
　　　　　（聞きたい）

Ⅴ 尊敬語の作り方

《お＋動詞ます形＋に なる》

例：帰る→お＋帰ります＋に なる→お帰りに なる

1.社長は ホテルに 泊まります。

→社長は ホテルに お泊まりに なります。

Ⅵ 謙譲語の作り方

《お＋動詞ます形＋する》

例：「呼ぶ」→お＋呼びます＋します→お呼びします

《ご＋名詞＋する》

例：「相談」→ご＋相談＋します→ご相談します

「相手に 対して、自分の ほうが 下だ」と いう 気持ち

「相手」が ある 場合に 使う。

自分 一人だけの 動作には 使わない。

×お遊び します　×お入り します

リストを 調べる。

→1.リストを お調べします。

（私が 相手の ために 調べる）

お金を 貸しましょう。

→2.お金を お貸ししましょう。

（私が 相手に 貸して あげる）

かさを 借ります。

→3.かさを お借りします。

（私が 相手の かさを 借りる）

Aさんを 案内します。

→4.Aさんを ご案内します。

（私が 相手［A］を 案内する）

練習問題

1. 社長は 食事の 前に いつも 日本酒を 少し_____。
   A)召し上がります　B)飲みます　C)お飲みします

2. 社長の お父様は 去年_____。
   A)死にました　　　　　B)亡くなりました
   C)お死にに なりました D)お死に しました

3. 国王は 外国の 歴史を よく_____。
   A)知って います　　　　B)お知りです
   C)存じて おります　　　D)ご存じです

4.「お宅の お母様の お名前は 何と_____か。」
   「洋子と_____。」
   A)おっしゃいます、申されます
   B)言います、申します
   C)おっしゃいます、おっしゃいます
   D)おっしゃいます、申します

5.「貴社の 田中社長は いつ こちらに_____か。」
   「明日_____ことに なって おります。」
   A)まいります、いらっしゃる
   B)いらっしゃいます、いたす
   C)いらっしゃいます、まいる
   D)まいります、いたす

答 1.A　2.B　3.D　4.D　5.C

6.父は 先週から 入院して_____。
　　A)いらっしゃいます　　B)おられます
　　C)おります　　　　　　D)ございます

7.ごめんどうですが、乗車券を_____。
　　A)おみせして ください　B)拝見します
　　C)ごらんに なります　　D)拝見して いただきます

8.社長は お疲れ_____時、散歩を_____。
　　A)て ございます、なさいます
　　B)た、されます
　　C)に なった、なさいます
　　D)に した、なさいます

9.お嬢様に_____のを 楽しみに して おります。
　　A)お会いに なる　B)拝見する
　　C)お目に かかる　D)会う

10.私は 毎日 同じ 道を_____通勤いたして おります。
　　A)歩いて　B)お歩きして　C)お通りして　D)歩くと

答 6.C　7.B　8.C　9.C　10.A

64

9 そう・よう・らしい

I 『そう』

A. 聞いた こと、読んだ ことを そのまま 話す
（自分の 考えを 入れない）

1. 新聞に よると、X国で 戦争が 始まったそうだ。
2. 西日本では ずっと 雨が 降らないそうです。
3. 王さんの 奥さんは とても 美人だそうです。

現在	現在否定	過去	過去否定
降る そうだ	降らない そうだ	降った そうだ	降らなかった そうだ
寒い そうだ	寒くない そうだ	寒かった そうだ	寒くなかった そうだ
元気だ そうだ	元気ではない そうだ	元気だった そうだ	元気ではなかった そうだ
学生だ そうだ	学生ではない そうだ	学生だった そうだ	学生ではなかった そうだ

B. 見たり、聞いたり、感じたりした ことを 言う

a. 〜と 思う

1. この レストランは 高そうだから、入らない ほうが
いい。（見て「高い」と 思う）
2. 「元気そうですね。」
「いいえ、風邪ばかり 引いて ……。」

b. 〜するかも しれない《動詞＋そう》

1. ポケットから 財布が 落ちそうですよ。
2. おなかが すいて 死にそうだ。

現在	現在否定	過去	過去否定
降り そうだ	降り そうもない	降り そうだった	降り そうもなかった
寒 そうだ *いい よさ そうだ	寒くなさ そうだ よくなさ そうだ	寒 そうだった よさ そうだった	寒くなさ そうだった よくなさ そうだった
元気 そうだ	元気では なさそうだ	元気 そうだった	元気では なさそうだった

⬦ 名詞＋「そう」

×あの人は 日本人そうだ。

○あの人は 日本人のようだ。

○あの人は 日本人だそうだ。（聞いたこと）

66

II 『よう』

ようだ

感じた こと

ほんとうの ことは わからないが、感じから「たぶん〜」

と 思う こと

「ような 気が する」「ように 思う」の 形も 多い

1. 彼は 怒って いるようです。こわい 顔を して います。

2. マッサージを して もらって、体が 軽くなったような
   気が する。

3. 風邪を 引いたようです。頭が 痛いし、熱も 少し ある
   ようです。

4. あの 人は あまり 笑いませんが、本当は やさしい
   人の ように 思います。あなたは どう 思いますか。

5. よく わかりませんが、これは 毛ではなくて、木綿の
   ような 気が します。

動詞	雨が 降るようだ。(降らないようだ)
	ゆうべ 雨が 降ったようだ。
	(降らなかったようだ)
い形容詞	外は 寒いようだ。(寒くないようだ)
	ゆうべは寒かったようだ。
	(寒くなかったようだ)
な形容詞	彼女は 元気＋な＋ようだ。
	(元気ではないようだ)
名詞	あの 人は 学生＋の＋ようだ。
	(学生ではないようだ)
	彼は その 学校の 学生だったようだ。
	(彼は その 学校の 学生ではなかったようだ)

III 「よう」を 使う いろいろな 言い方

A. ように

ために(目的)

1. 外国人にも わかるように 英語で 説明が 書いて あります。

2. 太らないように、チョコレートは 食べないように して いるんですが……。

B. まるで〜のようだ

よく 似て いる

1. まり子さんは かわいいね。まるで 人形のようだ。

2. ここは、東京なのに まるで 田舎のように 静かです。

C. たとえば〜のようだ

例を あげて 説明する

1. 「私は 色が きれいで、明るい 絵が 好きなんです。」

   「たとえば……。」

   「そうですね……。ゴッホのような 絵が 好きです。」

D. ように なる

今は 前と ちがう(変わった)

《動詞辞書形・可能形＋ように なる》

1. 前は さしみを 食べませんでしたが、日本に 来てから 食べるように なりました。

2. 6か月ぐらい 勉強すれば、上手に 話せるように なりますか。

3. けがを した 小鳥は、もう 元気に なって、飛べる ように なりました。

E. ように する

努力して そうする

1. なるべく 毎日 靴を みがくように して いますが、
ときどき 忘れて しまいます。
2. 漢字を まちがえないように よく 注意して ください。
3. 時間を 守るように。どうぞ お願いします。
4. 図書館で 食べ物を 食べないように お願いします。

F. ように 言う

《動詞現在形＋ように 言う》

「～て ください」と 言う＝ ～するように 言う

A「Bさん、月曜日に 来て ください。」

＝Aさんは Bさんに、月曜日に 来るように 言った。

1. すみませんが、お宅の 息子さんに、「ステレオの 音を
小さく して ください」と 言って 下さい。
＝すみませんが、お宅の 息子さんに ステレオの 音を
小さく するように 言って ください。

2. 医者に、もっと 運動を するように 言われた。

G. ようとした とき

《動詞 意志形＋と した とき》

直前、ほとんど その時

1. 出かけようと した とき、電話が かかって きた。
それで、約束の 時間に 遅れて しまった。
2. 走って 電車に 乗ろうと した とき、ドアが 閉まった。

IV 『らしい』

わかること

見たり 聞いたり したことから 考える→**わかる**

1. この レストランは おいしいらしいよ。いつも 客が
   いっぱい いるから。
2. 日本の 経済は だんだん よく なるらしい。先生が
   そう おっしゃったし、新聞にも 書いて ある。
3. 郵便箱に メッセージが 入って いた。私の 留守の
   間に 友達が 来たらしい。
4. キムさんが 韓国から ビデオと 手紙を くれました。
   キムさんの 家族は みんな 元気らしいです。

動詞	台風が 来るらしい。(来ないらしい)
	友達が 来たらしい。(来なかったらしい)
い形容詞	北海道の 冬は 寒いらしい。(寒くないらしい)
	フランスは 寒かったらしい。
	(寒くなかったらしい)
な形容詞	彼の 奥さんは 元気らしい。
	(元気ではないらしい)
	去年は 元気だったらしい。
	(元気ではなかったらしい)
名詞	彼は 日本語学校の 学生らしい。
	(学生ではないらしい)
	彼は 先月まで 専門学校の 学生だったらしい。
	(学生ではなかったらしい)

練習問題

1. 「あの 人は 頭が よさそうだ」と いちばん 近い
   文は 下の どれですか。
   - A) 「あの 人は 頭が いい。」と 人が 言った。
   - B) あの 人は、頭が いいか どうか わからない。
   - C) あの 人は、たぶん 頭が いいだろうと 思う。
   - D) あの 人が 頭が いい ことを 私は 知っている。

2. あの人は＿＿＿＿＿＿＿。日本語を 話して いるから。
   - A) 日本人のような 人だ
   - B) 日本人みたいな 人だ
   - C) 日本人らしい
   - D) 日本人だそうだ

3. 子供達が＿＿＿＿＿＿遊んで います。
   - A) 楽しいように   B) 楽しいらしく
   - C) 楽しいそうに   D) 楽しそうに

4. デミさんの 話では、オーストラリアの 一月は
   夏＿＿＿＿＿＿。
   - A) そうです   B) だそうです
   - C) のようです   D) らしいそうです

5. 新しい 服を 着ると、美人に なった＿＿＿＿感じる。
   - A) ように   B) そうに   C) ようと   D) そうと

答 1.C 2.C 3.D 4.B 5.A

6. 宝くじが 当たった。＿＿＿＿＿＿、うれしいなあ。
　　A)夢らしい　B)夢のようだ
　　C)夢そうだ　D)夢だそうだ

7. 風邪を 引いて 熱が あるので、私は 今日 会社に
＿＿＿＿＿＿＿＿＿＿。
　　A)行けるらしくないです
　　B)行けそうもありません
　　C)行けないらしいです
　　D)行けるようでは ありません

8. 小学校の 友達に ひさしぶりに 会った。子供の 時に
もどった＿＿＿＿気がした。
　　A)ような　B)ように　C)らしく　D)ようだった

9. A「この ケーキが いちばん＿＿＿＿＿＿＿。」
　B「そうかなあ。あっちの ほうが＿＿＿＿＿＿よ。」
　A「あ、ほんとだ。みんな、あっちのを 買って いるね。」
　　A)おいしいようだ、おいしい
　　B)おいしい、おいしいそうだ
　　C)おいしそうだ、おいしいらしい
　　D)おいしいらしい、おいしい

10. 今朝 クレさんに 会った。クレさんは 青い 顔を して、
元気＿＿＿＿＿＿＿＿＿。
　　A)ようではなかった　　　B)ではなさそうだった
　　C)だったようではない　　D)そうもなかった

答 6.B　7.B　8.A　9.C　10.B

10 と・ば・たら・なら

I 『と』の 使い方

《 A と、B 》

A. もし

1. 勉強しないで 遊んで いると、大学に 入れないだろう。
2. これ 以上 働くと、病気に なりますよ。気を つけて
   ください。

B. いつも・必ず

1. 夏は 朝 4時に なると、明るく なる。
2. 私達は、会うと 必ず ビールを 飲む。
3. 子供が 元気だと、親は 安心する。

C. すぐ 後で

1. 葉書を 出すと、すぐ 返事が きた。
2. 雨が 止むと、空が 晴れて 明るく なった。

◇ × 「と」＋意志形・命令形 など

　　×安いと、買おう。

　　×安いと、買え。

　　×安いと、買って ください。

　　×安いと、買う ほうが いい。

　　○安ければ、買おう。

　　○安かったら、買おう。

II 『ば』の使い方

《 A ば、 B 》

A. もし

1. 彼と 結婚すれば、金持ちに なれるだろう。

2. 今度の 日曜日 天気が よければ、お花見に
   行きましょう。

3. もし、小さければ、大きいのと とりかえますが。

B. いつも・必ず

1. たくさん 食べれば 太るのは 当り前なんですが……。

2. 春に なれば、家の 前の 桜の 花が 咲く。

C. いつも くり返すこと（習慣）

1. 父は 私の 顔を 見れば、「勉強しろ」と 言う。

⬥「名詞・な形容詞＋ば」はない。

  ×子供ば ○子供なら

  ×元気ば ○元気なら

 い形容詞＋ば→〜ければ

    小さ~~い~~→小さければ

    ＊いい→よければ

⬥「ない」＋ば→なければ

  行かない →行かなければ

  寒くない →寒くなければ

  静かではない→静かでなければ

  学生ではない→学生でなければ

III 『たら』の 使い方

《 A たら、B 》

A. もし
Aが 先(前)、Bが 後
1. お金が あったら、働かないで 遊んで いるだろう。
2. もし 優勝できたら、お祝いに 車を 買って あげよう。

B. 〜た とき、〜て から、〜た あと
Aが 先(前)、Bが 後
1. 20才に なったら、タバコを 吸っても いいです。
2. 「国へ 帰ったら、手紙を 書きますよ。」
   「楽しみに 待って います。」

C. 本当では ない こと
1. 私が 鳥だったら、一日中 空を 飛び回りたい。

D. 勧め・アドバイス
1. もっと ゆっくり 食事を したら。
2. 風邪ですか。じゃ、薬を 飲んで 寝たら どう。

Ⅳ 『なら』の 使い方

《 A なら、B 》

A. もし

1. もし 私が 金持ちなら、世界旅行が したい。
2. 体が 丈夫なら、どんな 仕事でも できる。

B. アドバイス

1. 外国へ 行くなら、薬を 持って 行った ほうが いい。
2. 恋人の 声が 聞き たいなら、すぐ 電話を したら どう
   ですか。

⚠️ 「たら」の 文 ≠ 「なら」の 文：先(前)と 後が 反対

3. ここは 禁煙です。タバコを 吸うなら、外へ 出て 下さ
   い。　　　　　　　　　　②　　　　　①
   　　　　①外へ 出る → ②タバコを 吸う
4. タバコを 吸ったら、入っても いい です。
   　　　　①　　　　　　②
   　　　　①タバコを 吸う → ②部屋へ 入る

C. 話題(話しの テーマ)を 出す

1. 「私は ウィスキーは 飲めないんです。日本酒が 好き
   なんですよ。」
   「日本酒ですか。日本酒なら、おいしいのが ここに
   ありますよ。」

練習問題

1. 台風が 来た＿＿＿、明日の ゴルフは 中止です。
   A)と　B)ら　C)ば

2. 車を 運転＿＿＿＿＿、酒を 飲むな。
   A)するなら　B)したら　C)すると

3. 車を＿＿＿＿、ライトを 消さなければ なりません。
   A)止めると　B)止めれば　C)止めたら

4. たばこを＿＿＿＿、禁煙席に 坐らないでください。
   A)吸うなら　B)吸えば　C)吸うと

5. お金を＿＿＿＿、すぐ 警察に 届けて ください。
   A)拾うと　B)拾ったら　C)拾えば　D)拾うなら

6. 会に 参加＿＿＿＿＿、前の日 までに 申し込んで
   ください。
   A)すると　B)したら　C)すれば　D)するなら

7. 彼＿＿＿、きっと この 仕事が できる。
   A)だと　B)なら　C)と　D)れば

8. ＿＿＿＿＿、元気に なりました。
   A)休めば　B)休んだら　C)休むなら

答 1.B　2.A　3.C　4.A　5.B　6.D　7.B　8.B

9.天気が 悪いと、＿＿＿＿＿＿＿＿＿＿＿＿。

A)山が 見えません

B)山登りを やめろ

C)山登りを やめる ほうがいい

D)山へ 行かないで ください

10.暖かく なると、＿＿＿＿＿＿＿＿＿＿＿＿＿＿。

A)暖房を 消した ほうが いいですよ

B)暖房を つけないで ください

C)暖房が いらなく なります

D)暖房を かたづけましょう

11.お金を 入れると、すぐ＿＿＿＿＿＿＿＿＿＿＿＿。

A)ジュースが 出て きます

B)ジュースを 取りましょう

C)ジュースを 出して ください

D)ジュースを 取った ほうが いいですよ

12.高速道路を 走れば、＿＿＿＿＿＿＿＿＿＿＿。

A)運転が じょうずに なってからが いいです

B)じょうずな 運転を 習いましょう

C)運転に 気を つけて ください

D)運転が じょうずに なります

答 9.A 10.C 11.A 12.D

13. アメリカへ 行けば、＿＿＿＿＿＿＿＿＿＿＿＿。

    A) ホワイトハウスを 見た

    B) ホワイトハウスを 見よう

    C) ホワイトハウスが 見られる

    D) ホワイトハウスを 見なさい

14. この 仕事が 終わったら、＿＿＿＿＿＿＿＿＿＿。

    A) 食事に 行こう

    B) おなかが すいた

    C) その 前に 食事を しよう

    D) がんばって 仕事を しよう

15. 忘年会で お酒を 飲んだら、＿＿＿＿＿＿＿＿。

    A) 車に 乗って 行った

    B) 車の 運転を して しまった

    C) 酔っぱらい 運転を して しまった

    D) 車を 運転して 帰っては いけない

16. 結婚するんですか。結婚するなら＿＿＿＿＿＿＿＿。

    A) 彼女は 急に きれいに なりました

    B) よい 家庭を 作って ください

    C) よい 家庭を 作りました

    D) 幸せに なりました

答 13. C　14. A　15. D　16. B

11 助詞

Ⅰ が

1. あそこに デパート	が	あります。
2. 部屋に 学生	が	います。
3. 私は 果物	が	好きです。
4. パクさんは 歌	が	上手です。
5. 仕事に ワープロ	が	要ります。
6. 頭	が	痛いです。
7. 友子さんは 目	が	大きいです。
8. ここから 富士山	が	見えます。

その 他の 【が】

A. しかし・けれども

9. お酒は おいしいが、飲みすぎると 体に よくない。
10. 桜は きれいですが、花が すぐ 終わって しまうので 残念です。

B. 前置きの 文で 使う (前の 文より 後ろの 文が 大切)

11. ずいぶん 暖かく なりましたが、みなさま お元気

   ですか。

12. 緑川と 申しますが、どうぞ よろしく お願い

   いたします。

C. 名詞を 説明する 文の 中で

13. ユンさんが 住んでいる アパートには 部屋が 三つ

   あります。

⚠ 名詞を 説明する 文の 中では、「は」を 使わない。

14. 私は 昨日 本を 買いました。

15. 私が 昨日 買った 本は 歴史の 本です。

D. ほしい、たい、わかる、できる の 前で

16. 私は ドイツの 車が ほしいです。

17. ああ、暑い。冷たい ビールが 飲みたいなあ。

18. 彼女は 中国語が できます。

II も

1.「肉と 魚と どちらが 好きですか。」

　　「どちら　　　　　　も　　　好きです。」
2.「朝 何を 食べますか。」

　　「何　　　　　　　　も　　　食べません。」
3. 家から 学校まで 1時間半 も　　かかります。

III を

1.本 　　　　　　　を　　　読みます。

2.道 　　　　　　　を　　　歩きます。

3.部屋 　　　　　　を　　　出ます。

4.橋 　　　　　　　を　　　渡ります。

5.公園 　　　　　　を　　　散歩します。

6.お忙しい ところ　を　　すみません。

7.子供が 水　　　　を　　ほしがって います。

Ⅳ で

	で	
1.教室	で	勉強します。
2.机は 木	で	作ります。
3.これは りんご	で	、それは みかんです。
4.あの 部屋は 静か	で	、 きれいです。
5.毎日 バス	で	学校に 来ます。
6.学生は 全部	で	250人 います。
7.私たちは グループ	で	旅行に 行きます。
8.風邪	で	会社を 休みました。
9.ホームは 観光客	で	いっぱい です。
10.値段は A席と B席と	で	ちがいます。
11.これ	で	失礼します。また 来週。
12.小さい 声	で	話します。

Ｖ　に（その１）

	に	
1.銀行は あそこ	に	あります。
2.9時	に	来ます。
3.桜は 四月	に	咲きます。
4.ケンさん	に	電話を かけました。
5.デパートへ 洋服を 買い	に	行きます。
6.公園へ 花見	に	行きます。
7.駅の 前で、バス	に	乗ります。
8.お風呂	に	入ります。
9.この みそは みそ汁	に	使います。
10.誕生日の お祝い	に	花を あげます。
11.信号が 青	に	なりました。
12.兄は 医者	に	なりました。

Ⅵ に（その２）

13.「何が いいですか」「紅茶 ___ に ___ します。」

	に	
14. 会議	に	おくれて しまった。
15. 私も 一緒	に	行きましょう。
16. 成田空港で 星川さん	に	会いました。
17. 兄は ＸＸ自動車	に	つとめて います。
18. 姉は 父	に	似て います。
19. 彼女は 「ミス日本」	に	選ばれました。
20. 私の 夢は テレビ	に	出る ことです。
21. ホームで ３列	に	並んで ください。
22. おじさん	に	時計を もらいました。 （＝から）
23. ネズミは ネコ	に	食べられました。
24. 先生は 学生	に	作文を 書かせます。

Ⅶ から

1. まど	から	外を 見ます。
2. 駅	から	家まで 10分です。
3. 酒は 米	から	作ります。
4. 寒い	から	窓を しめて ください。

Ⅷ か

A.《Aか B》AB どちらでも いい
1. 今度の 土曜日か 日曜日に 私の 家へ 来ませんか。
2. これは デパートか スーパーで 売って います。

B. だいたい(はっきり 言わない)
3. ボールペンを 2本か 3本 持って 来て ください。
4. 家から 駅まで、歩いて 5分か 6分 かかります。

C. か どうか

　　か どうか ＋ 知りません／知って いますか
　　　　　　　　　わかりません／わかりますか

5. A「この 小説は おもしろい ですか。」
　 B「さあ、まだ 読んで いないので、おもしろいか
　　　どうか わかりません。」
6. A「この 池で 魚が 釣れますか。」
　 B「釣れるか どうか わかりません。でも、ここで
　　　ちょっと 釣って みましょう。」

86

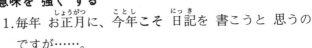

何・だれ・いつ・どこ・どうして・どうやって 等

＋

か わかりません／か 知りません

7. A「この 小説は だれが 書いたのですか。」

B「さあ、だれが 書いたか 知りません。」

8. A「この 池では どんな 魚が 釣れるのですか。」

B「どんな 魚が 釣れるか わかりません。」

IX こそ

意味を 強く する

1. 毎年 お正月に、今年こそ 日記を 書こうと 思うの
   ですが……。

2.「この あいだは 失礼しました。」

  「いいえ、こちらこそ。」

3. これこそ 私が 前から ほしいと 思って いた 物
   です。

X と

1. 夏休みに 友だちと 二人で アメリカへ 行きました。

2. 日曜日に 喫茶店で 友だちと 会います。

3. 彼女は 恋人と 別れたらしい。

4. マットさんは ジーンさんと けんかを しました。

5. コーヒーと 紅茶と、どちらが いいですか。

6.「円が 高くなった。」と 新聞に 書いて あります。

7.「ラーメン」は 英語で 何と いうのですか。

8. アランさんの ワープロは 私のと 同じですが、
   ジョンさんのは 私のと ちがいます。

XI まで

期間、範囲(終わりの 時・場所)

1. 先生は、授業が 終わる 12時まで、ずっと 立って
いなければならないので、とても 疲れます。

2. 社長が 戻るまで、こちらで お待ち ください。

3. 来週の テストは 何課までですか。

4. 会社に 遅れない ように、家から 駅まで 走った。

⚠️ 「まで」 ≠ 「までに」

「までに」は ［その 前に（する・終わる）］

5. 大統領が 日本に 来るまでに 準備を して おく。

（日本に 来る 前に）

6. 学生は 卒業までに レポートを 書かなければならな
い。 （卒業の 前に）

「は」 と 「が」

「は」？ 「が」？

「は」の 文：
　　大切な ことは「は」の 後に ある。

「が」の 文：
　　大切な ことは「が」の 前に ある。

1.「あの 人は だれですか。」
　　「あの 人は 田中さんです。」
2.「田中さんは どの 人ですか。」
　　「田中さんは あの 人です。」
　　＝「あの 人が 田中さんです。」
3.今日 だれが 来ますか。＝今日 来る 人は だれですか。
　　（どちらの 文でも、大切な ことは 「だれ」）

【は】（1）
変わらない こと、いつも 同じ こと
1.月は 地球の まわりを 回って います。
2.星は きれいです。
3.学生は 勉強しなければ なりません。

【は】（2）
《Aは……、Bは……》 二つの ことを くらべる
1.イギリスは 小さいが、オーストラリアは 大きい。
《（ほかと ちがって）〜は 》
2.「英語、フランス語、ドイツ語、どの 言葉が
　　話せますか。」「英語は 話せます。」
　　　　　　　（ほかの 言葉は 話せない）

89

【が】（1）
起こった こと、見た こと（事実）
1. 星が きれいです。（今 空を 見ている）

⚠ はじめて 話す ときは 「が」、次に その ことを 話す
ときは 「は」を 使う。
2. 神戸で 地震が ありました。
3. この 地震は 非常に 強い 地震で、大勢の 人が 死に
ました。

【が】（2）
名詞を 説明する 文の 中では：「は → が」
1. これは〔私が 書いた〕作文です。

（←これは 作文です。私は この 作文を 書きました。）
2.〔母が 作る〕料理は おいしい。

（←母は 料理を 作る。その 料理は おいしい。）
3.〔あの 二人が 結婚する〕ことを 知って いますか。

（←あの 二人は 結婚します。その ことを 知って
いますか。）

【が】（3）
「が」を 使う 言い方
1.（肉）が 好きだ・嫌いだ。
2.（歌）が じょうずだ・へただ。
3.（中国語）が できる・わかる。
4.（山）が 見える・（声）が 聞こえる。
5.（車）が ほしい・（旅行）が（し）たい。
6.（彼）は（背）が（高い）。

練習問題

「は」？「が」？

1.「リーさんは どの かたですか。」
　「私です。私＿＿＿リーです。」

2.「あなたは どなたですか。お名前は。」
　「私＿＿＿リカです。」

3.中国から パンダ＿＿＿来た。
　その パンダ＿＿＿3歳で、「シンシン」と いう 名前だ。

4.「太陽は 地球の まわりを まわって いるんですか。」
　「いいえ、そうでは ありません。地球＿＿＿太陽の
　まわりを まわって いるのです。」

5.兄＿＿＿経済を 勉強して いるが、弟＿＿＿歴史を
　勉強して いる。

6.山田さん＿＿＿入院した ことを だれも 知らなかっ
　た。

7.駅の 前に 新しい スーパー＿＿＿できた。

答 1.が　2.は　3.が、は　4.が　5.は、は　6.が　7.が

8.大学生活＿＿＿どう。もう　なれたでしょう。

9.この　赤い花＿＿＿さくらですか。それとも、あの
　　ピンクの　花ですか。

10.「あっ、湖＿＿＿見える。」
　　「ああ、あの　湖＿＿＿山中湖ですよ。」

11.駅で　知らない　人＿＿＿私に　「こんにちは」と　言った。

12.「だれ＿＿＿次の　社長に　なるのかなあ。」
　　「海野さん＿＿＿なるらしいよ。」

13.「中田さんって、どの　人。」
　　「中田さん＿＿＿あの　髪が　長くて、きれいな　人だよ。」

14.ヤンさん＿＿＿買った　辞書は　厚くて　重い　辞書です。

答 8.は　　9.が　　10.が、は　　11.が　　12.が、が
　 13.は　14.が

助詞 総合練習問題

【問題 A 】

1. 庭＿＿＿小鳥が います。
   A)で B)に C)が D)は

2. 庭＿＿＿小鳥が 鳴いて います。
   A)で B)に C)が D)は

3. バラは ５月＿＿＿咲きます。
   A)で B)に C)は D)が

4. けさ、成田空港＿＿＿着きました。
   A)に B)で C)を D)と

5. ホテルの 部屋から 海＿＿＿見えました。
   A)を B)は C)が D)で

6. 「飲み物は 何が いいですか。」
   「そうですね。…… 私は ビール＿＿＿します。」
   A)で B)は C)に D)を

答 1.B 2.A 3.B 4.A 5.C 6.C

7.彼は 大学____出て、サラリーマン____なりました。
　　A)が、に　B)に、に　C)を、へ　D)を、に

8.「先日は どうも すみませんでした。」
　　「いいえ、 こちら_____。」
　　A)へ　B)も　C)こそ　D)に

9.白い 花を 3本____赤い 花を 5本 ください。
　　A)が　B)は　C)で　D)と

10.電車賃は 大人と 子供____違います。
　　A)が　B)で　C)と　D)へ

11.新宿で 地下鉄____乗ります。
　　A)が　B)に　C)を　D)へ

12.あそこ____交番が あります。
　　A)で　B)に　C)を　D)へ

13.彼女は 朝_____晩_____、ピアノの 練習を して
　います。
　　　　A)と、を　　　　B)と、から
　　　　C)から、に　　　D)から、まで

答 7.D　8.C　9.D　10.B　11.B　12.B　13.D

94

14. 部屋＿＿＿入ったら 帽子を とって ください。
　　A)を　B)で　C)に　D)は

15. 船＿＿＿世界旅行を するのが 私の 夢です。
　　A)に　B)を　C)で　D)へ

16. 果物＿＿＿酒や ジャムを 作ります。
　　A)を　B)に　C)から　D)と

17. みんな＿＿＿歌ったり おどったり しました。
　　A)に　B)で　C)から　D)へ

18. プールは 子供＿＿＿満員です。
　　A)が　B)と　C)で　D)に

19. 部屋＿＿＿出る ときは、電気＿＿＿消して ください。
　　A)を、が　B)に、を　C)を、を　D)が、を

20. うちの 子供は バスの 運転手＿＿＿なりたいと 言って
います。
　　A)が　B)に　C)へ　D)で

21. 6月6日＿＿＿父が 亡くなりました。
　　A)に　B)が　C)へ　D)を

答 14.C 15.C 16.C 17.B 18.C 19.C 20.B 21.A

【問題Ｂ】

1.道＿＿遊ぶのは 危険です。

A)へ　B)で　C)に　D)を

2.道＿＿渡る ときは、車に よく 注意して ください。

A)で　B)が　C)を　D)から

3.せんべいは 米＿＿作ります。

A)に　B)は　C)で　D)も

4.スーパー＿＿肉と 野菜＿＿買い＿＿行きます。

A)で、に、に　B)へ、が、に

C)へ、を、に　D)で、で、に

5.電車の 中＿＿本を 読むと 目が 悪く なりますよ。

A)に　B)を　C)で　D)へ

6.一人＿＿食事を するのは 嫌いです。

A)と　B)で　C)も　D)に

7.ビニールは 石油＿＿作ります。

A)を　B)も　C)から　D)と

答 1.B　2.C　3.C　4.C　5.C　6.B　7.C

8.お宅から 学校＿＿何分ぐらい かかりますか。
　　A)まだ　B)に　C)まで　D)へ

9.橋＿＿渡って 川の 向こう側へ 行こう。
　　A)で　B)へ　C)を　D)から

10.弟＿＿メロンを 食べられて しまった。
　　A)から　B)に　C)と　D)で

11.A「お宅の テレビ、うるさいんですが。」
　　B「お宅の オートバイ＿＿うるさい じゃないですか。」
　　A)こそ　B)さえ　C)でも　D)だけ

12.私の 前＿＿歩いて いた 人が 急に 止まったので
　ぶつかって しまった。
　　A)で　B)に　C)を　D)へ

13.バスは 駅＿＿出て、しばらく 走って、広い 交差点
　＿＿＿＿出た。
　　A)を、に　B)で、に　C)を、が　D)を、で

14.先生は 学生達＿＿大きい 声＿＿本＿＿読ませます。
　　A)で、に、を　　　　B)と、で、を
　　C)に、で、を　　　　D)に、を、を

答 8.C　9.C　10.B　11.A　12.C　13.A　14.C

15.駅で 友だち＿＿別れて 電車＿＿乗りました。
　　A）と、に　　　　B）から、に
　　C）から、を　　　D）と、を

16.日本では 車は 左側＿＿走ります。
　　A）で　B）を　C）に　D）へ

17.外国人＿＿道を 聞かれて、困って しまった。
　　A）で　B）に　C）と　D）が

18.その 看護婦さんは 私の 母＿＿似て います。
　　A）が　B）を　C）へ　D）に

19.母は 私＿＿毎日 掃除を させます。
　　A）が　B）に　C）で　D）へ

20.太平洋側は 晴れ＿＿、日本海側は 雪に なるでしょう。
　　A）で　B）た　C）と　D）から

21.「仕事は もう 終わりましたか。」
　　「いいえ、まだです。＿＿＿＿＿待って ください。」
　　A）終わる あいだ　　B）終わる まで
　　C）終わり までに　　D）終わる とき

答 15.A　16.B　17.B　18.D　19.B　20 A　21.B

【問題Ｃ】

1.「学生たちは まだ いますか。」
「＿＿＿＿＿＿＿＿＿＿＿＿。」
A)はい、いるか どうか わかります
B)いいえ、いるか わかりません
C)いるか わかりません
D)いるか どうか わかりません

2.暑い から＿＿熱い コーヒーが 飲みたいんです。
A)こそ　B)も　C)には　D)で

3.まもなく　１番ホーム＿＿電車が まいります。
３列＿＿並んで お待ちください。
A)を、に　B)で、に　C)に、に　D)から、で

4.この お金は 旅行を する＿＿＿＿使います。
A)のを　B)のに　C)のは　D)のが

5.白い 紙＿＿絵を かきました。
A)に　B)から　C)へ　D)が

6.彼は 有名な 俳優で 毎日 テレビ＿＿出て います。
A)を　B)に　C)で　D)から

答 1.D　2.A　3.C　4.B　5.A　6.B

7.スピーチコンテストで 彼は 第1位＿＿＿ 選ばれました。

　　A)と　B)に　C)を　D)が

8.銀行は 午前 9時から 午後 3時＿＿＿ です。3時＿＿＿
　　行かないと 閉まって しまいますよ。

　　　A)までに、まで　　B)まで、までで
　　　C)までに、まで　　D)まで、までに

9.月曜日＿＿＿ 金曜日＿＿＿を 平日と いいます。

　　　A)に、と　　　　　B)から、まで
　　　C)に、まで　　　D)から、までに

10.午前 9時＿＿＿ 駅の 前＿＿＿ 集まって ください。

　　　A)に、を　　B)に、に
　　　C)に、まで　D)で、に

11.女は 歌舞伎＿＿＿ 出られません。

　　A)に　B)が　C)で　D)を

12.彼は 大企業＿＿＿ 勤めたくないそうです。

　　A)では　B)で　C)とは　D)には

13.仕事＿＿＿ 北海道へ 行きました。

　　A)で　B)へ　C)の　D)と

答 7.B　8.D　9.B　10.B　11.A　12.D　13.A

14.作文が なかなか 書けなかったが、今日＿＿＿書いて
しまおう。
　　A)も　B)に　C)まで　D)こそ

15.あの 国は 大きいので、北＿＿＿南＿＿＿季節 が 違う。
　　A)から、で　　　　B)と、で
　　C)から、へ　　　　D)と、に

16.この 本は デミさん と クレさん＿＿＿英語＿＿＿翻訳して
もらいました。
　　A)に、を　B)に、まで　C)に、に　D)に、までに

17.夏休み＿＿＿勉強するのに いい 時です。
　　A)で　B)には　C)こそ　D)に

18.友人が けがを したので、お見舞い＿＿＿花を あげた。
　　A)に　B)で　C)を　D)へ

19.この 飛行機は ハワイ＿＿＿通って、アメリカ＿＿＿行き
ます。
　　A)を、で　B)を、までに　C)から、へ　D)を、へ

20.入学式の 始まる 時間＿＿＿遅れては いけない。
　　A)に　B)で　C)へ　D)を

答　14.D　15.B　16.C　17.C　18.A　19.D　20.A

12 副詞

● 「時」を 表す 副詞
Ⅰ 今より 前
A. さっき

少し 前に(同じ 日)

1. A 「ひでみさんは、どこ。」
   B 「さっき、食事に 行きましたよ。」
   A 「残念、私も いっしょに 行きたかったのに。」
2. 「先生、この 漢字は どう 読むんですか。」
   「さっき 教えたでしょう。もう 忘れたの。」

B. この あいだ

1. この あいだ、鎌倉へ 行って、お寺を たくさん
   見ました。
2. この あいだは たいへん お世話に なりました。
   ありがとう ございました。

Ⅱ 今より 後
A. すぐ(に)

短い 時間の 後で

1. 卒業して すぐ 結婚しました。会社に 勤めた ことは
   ありません。
2. 「リンさん、社長が 呼んで いますよ。」
   「えっ、社長が。はい、すぐに 行きます。」

B. 今度
次の 時

1. 北海道旅行は とても 楽しかった。今度 行く ときは
   船で 行って みたいな。
2. 前の 試合では 負けましたが、今度の 試合では 必ず
   勝ちたいと 思います。

⚠️ 「今度」は、「前」にも 「今」にも 使われる

3. 中村と 申します。今度 隣に 引っ越して きました。
   どうぞ よろしく お願いします。
4. 前の 先生は やさしかった けれど、今度の 先生は
   厳しい。

C. そろそろ

1. もう、十時ですよ。そろそろ 帰りましょう。
2. そろそろ 出発の 時間です。みなさん、バスに 戻って
   ください。
3. A「そろそろ 結婚したいな。」
   B「だれと。」
   A「 …… 」

D. 今にも
《今にも～そうだ》

[すぐ ～する かも しれない]

1. 黒い 雲が 出て きた。今にも 雨が 降りそうだ。
2. あの 古い 木は 今にも 倒れそうです。あぶないから、
   近くへ 行かない ほうが いいですね。

E. これから

　今から

1. これから コーヒーを 飲みに 行きますが、一緒に 行きませんか。

2. 入学試験は 来週です。これから 準備しても、もう 間に 合わないでしょう。

F. もうすぐ

　もう 少し 後で

1. 今は まだ 寒いが、もうすぐ 春が 来て、花が 咲き始めるだろう。

2. もうすぐ 仕事が 終わるから、ちょっと 待って いて ください。

 III 「時を表す副詞」いろいろ

A. もう・まだ

1. 「この 本、もう 読みましたか。」
　「いいえ、まだ 読んで いません。」

◇! 「もう」＋数・量　　もう一人、もう一回

2. もう 一度 お願いします。

3. もう 少し 待って ください。

◇! 「まだ 〜て いる」

4. もう 夜 遅いのに、あの 部屋は まだ 電気が ついて いる。たぶん、まだ 仕事を して いるのだろう。

104

B. このごろ

1. このごろ 円が ずいぶん 高くなりました。
2. 彼女は このごろ 会社を 休む ことが 多い。どうした
   のだろう。

C. まず・はじめに

いちばん 早く

1. 地震が 起きたら、まず 火を 消して ください。
2. 日本語を 習う ときは、まず はじめに ひらがなを
   覚えて、それから 漢字を 勉強します。

> ⚠️ 「はじめに」 ≠ 「はじめて」

3. 「日本語の 勉強は はじめてですか。」
   「いいえ、国で 少し 勉強しましたから、はじめてでは
   ありません。」

D. 最初に・次に・それから・最後に

CD A#54

1. 最初に スープを 飲みました。次に 肉を 食べて、
   それから デザートを 食べて、最後に コーヒーを
   飲みました。

E. しばらく

少しの 間

1. 電車は まもなく まいります。もう しばらく お待ち
   ください。
2. しばらく 一人で ゆっくり 休みたいので、二、三日
   温泉へ 行って 来ます。

F. ずっと

長い 時間 続けて

1.一人の 人を ずっと 愛し続ける ことが できますか。

2.今 まで ずっと 眼鏡を かけて いたのですが、今度
　 コンタクトを 買いました。

 《Aは Bより ずっと〜だ》

3.中国は 日本より ずっと 大きいです。

G. やっと

長い 時間の 後で

・難しい ことや 問題が 終わった。

1.長い 時間 考えて、やっと わかりました。

2.なかなか 暖かく なりませんでしたが、二、三日
　 前から やっと 暖かく なって きました。

H. とうとう

長い 時間の 後で

・待って いた こと(いい こと)や 心配(悪い こと)などが
　 終わった。

1.3年 かかったが、今年 とうとう 合格できた。

2.働きすぎて、彼は とうとう 病気に なって しまった。

I. 結局

いろいろしたが、最後に

1.誕生日の お祝いに 何を あげようかと 考えた。結局
　 マフラーを あげる ことに した。

2.冷蔵庫を 買おうか、本棚を 買おうか、どちらを
　 買おうかと 考えたが、結局 どちらも 買わなかった。

106

J. 急（きゅう）に

とても はやく（変わる）

1. 急に 気分（きぶん）が 悪（わる）くなったので、タクシーで 家に 帰った。

2. 急に 雨が 降って きたので、そばの 喫茶店（きっさてん）に 入った。

●「どの くらい」を 表（あらわ）す 副詞（ふくし）

A. たくさん・いっぱい

数（かず）、量（りょう）が 多（おお）い

1. わからない ことが 多いので、質問（しつもん）も いっぱい あります。（＝たくさん あります）

2. おすもうさんは たくさん 食べます。
（＝いっぱい 食べます）

◇ 「いっぱい」「たくさん」

3. 日曜日の デパートは 買（か）い 物客（ものきゃく）で いっぱいです。
（×買い物客で たくさん です）
（○買い物客が たくさん います）

B. かなり

「とても」 ＞ 「かなり」

1. Aさんは 日本語が とても じょうずです。Bさんは まだまだ ですが、かなり 話せる ように なりました。

2. たばこを やめる ことは かなり 難（むずか）しいが、がんばれば 必（かなら）ず できる。

107

C. ずいぶん

とても(話す 人の 気持ちが 入って いる)

1.「お宅、今日は ずいぶん にぎやかね。どうしたの。」
「ごめんなさい。息子の 友達が 集まって いるの。」
2.ずいぶん 日本語が じょうずに なりましたねえ。
びっくりしましたよ。

D. だいぶ

(前より)かなり

1.「けがは いかがですか。」
「だいぶ よく なって、歩けるように なりましたが、
まだ 走る ことは できません。」
2.三月に なって、だいぶ 暖かく なって きました。

E. よく・ときどき・たまに

1.よく ＞ 2.ときどき ＞ 3.たまに …… 多い 順

1.私は ラーメンが 大好きで、よく 食べます。
一週間に 3回ぐらい 食べます。
2.ラーメンは あまり 好きでは ありませんが、ときどき
食べます。
3.ラーメンは 油っこいから、きらいです。たまに 食べる
ことも ありますが、ほとんど 食べません。

◇「よく」(ほかの 使い方)

＝とても・たいへん・じゅうぶんに

4.私は 山田さんを よく 知って います。
5.よく わかりません。もう 一度 説明して ください。

108

⚠️「いつも」「たびたび／よく」「ときどき」「たまに」

いつも 休む　　　　×××××××××××××××

たびたび／よく 休む　×○××○○×○××○×××○

ときどき 休む　　　　○○○○×○○○○○×○○○

たまに 休む　　　　　○○○○○○○○○○○○×○○

　　　○学校へ 来ました　×学校を 休みました

F. すっかり・全部

100%

1.「風邪は いかがですか。」

　「おかげさまで、すっかり よく なりました。」

2.先生の ていねいな 説明の おかげで、難しい 問題が

　すっかり わかった。

G. あまり～ない

1.この メロンは あまり おいしくない。

2.家で ビデオが 見られるから、このごろ 映画館には

　あまり 行かなくなった。

H. なかなか～ない

かんたんには～しない、すぐには～しない

1.忙しくて、なかなか 旅行に 行けない。

2.バスが なかなか 来ない。事故が あったのだろうか。

3.手紙を 書いたのに 返事が なかなか 来ない。

⚠️「なかなか」の ほかの 使い方

　　＝「思ったより、かなり」

4. もっと 不便な ところかと 思って いたけど、ここは
なかなか 便利な 所 ですね。

5. なかなか 難しそうだ。すぐには 解決しないだろう。

I. ほとんど〜ない

少しだけ あるが、少ない

1. 大学に 入ったけれど、授業が ほとんど わからなくて
困って います。

2. 彼は 肉を ほとんど 食べない。たまに 食べるらしい
が。

◇⚠ 「ほとんど〜する」

3. 日本の 国内は ほとんど 旅行した。行って いない
ところは ほとんどない。

J. ぜんぜん〜ない

0・ゼロ

1. 私は 韓国語が ぜんぜん わかりません。

2. お金が ぜんぜん なくても、親切な 友達が たくさん
いるから、だいじょうぶだ。

K. けっして〜ない

どんな 場合にも、ぜったい 〜ない

1. たいへん お世話に なりました。あなたの ご親切を
けっして 忘れません。

2. 父は 私に 「けっして うそを 言うな。」と いつも
言う。

L. ちっとも～ない

（変わるかと 思ったが）少しも（変わら）ない

1. 電話を 待って いるのに、ちっとも かかって こない。
2. 薬を 飲んだのに、ちっとも よくならない。
3. この 村は ちっとも 変わって いない。昔のままだ。

M. 一度も～ない

経験が ない

1. 富士山を 見た ことが 一度も ない、という 日本人も います。
2. 伯父は 五十歳だが、一度も 結婚した ことが ない。

●いろいろな 副詞

A. 必ず

100%

・今より あとで 起こる こと

・いつもの こと

1. 「必ず 来て くださいね。約束よ。」

「だいじょうぶ。必ず 行きます。」

2. 私は 酒を 飲むと 必ず 頭が 痛くなります。

B. 絶対（に）

100%・例外なしに

1. 動物には 水が 絶対に 必要です。
2. あんな つまらない 番組は、もう 絶対に 見たくない。
3. 「私は 悪い ことは 絶対 いたしません。」と 首相は 言ったが…。

⚠️ 「必ず」、「絶対(に)」

必ず 行きます。＝絶対 行きます。

「必ず」 ≠ 「絶対(に)」
……「必ず」 と 「ない」 は 一緒に 使わない
　〇絶対(に)行きません。
　×必ず 行きません。

C. ちょうど

1. 今 ちょうど 12時です。昼休みです。
2. ちょうど 仕事が 終わりましたから、一緒に 出かけましょう。
3. 暑くもないし、寒くもないし、スポーツには ちょうど いい 季節です。

D. もし

～の 場合

1. もし、大学に 入れなかったら、父の 会社で 働く つもりです。
2. 今度の 日曜日、もし 雨だったら、次の 日曜日に しましょう。

E. もちろん

言う 必要がない

1. もちろん、お金は ある ほうが いい。
2. 「パーティー、会費500円。もちろん 行きますよ。」

F. ぜひ

《ぜひ～てください》《ぜひ～ほしい・たい》

願う 気持ち（強い）

1.私の 家に ぜひ 遊びに 来て ください。待って
  います。

2.ぜひ 一度 ソウルへ 行って みたいと 思います。

G. きっと

100%に 近く

1.西の 空が 赤くて きれいだ。明日は きっと いい
  天気だろう。

2.「友子さん、いませんか。」
  「かばんが あるから、きっと どこか その辺に いると
  思いますよ。」

H. とくに

ほかの ものと 比べて、ずっと

1.日本は 物の 値段が 高い。とくに、牛肉の 値段が
  高い。

2.私が 帰国するので、家族は とても 喜んで います。
  とくに、母は 私が 帰るのを とても 楽しみに して
  いるようです。

I. はっきり

よく

1.眼鏡を かけると、はっきり 見えます。

2.日本では 自分の 意見を はっきり 言う 人が 少ない。

3.よく わかりません。もっと はっきり 発音して
  ください。

◇「はっきり」←→「ぼんやり」

4.今日は 天気が 悪いので、山が ぼんやり 見えます。

J. しっかり

強く、確かに

1.サルの 赤ちゃんは お母さんの 手に しっかり
つかまって いる。
2.言葉は 発音しながら しっかり 覚えましょう。

K. きちんと

きれいに
1.道具は 使ったら、きちんと 片づけて ください。
2.本棚には 本が きちんと 並べて ある。

L. やはり・やっぱり

思った ことと 同じ
1.「戦争が 起きる かも しれない」と 心配して いたが、
やはり 戦争が 始まった。
2.「木村さんが 入院したそうだよ。」
「ああ、やっぱり。この あいだ 会った とき、顔色が
悪かったよ。」

練習問題

1.日本の 自然は 一年 中 美しいが、＿＿＿＿秋は すばら
しい。
　　A)必ず　B)ぜひ　C)とくに　D)はっきり

2.中村さんは＿＿＿＿家へ 帰りましたよ。一時間ぐらい
前 かな。
　　A)もうすぐ　B)さっき　C)このあいだ　D)ずっと

3.あなたが＿＿＿＿女だったら、どんな ことが したいで
すか。
　　A)もし　B)もちろん　C)たまに　D)ぜひ

4.もえる ゴミと、もえない ゴミを＿＿＿＿分けましょう。
　　A)すっかり　B)きちんと　C)きっと　D)ぜひ

5.子供「ママ、だれが いちばん 好き。」
　母　「＿＿＿＿、あなたが いちばん 好きよ。」
　　A)きっと　B)かならず　C)ずいぶん　D)もちろん

6.いつも 忙しい 生活ですが、＿＿＿＿温泉に 行く
ことも あります。
　　A)ぜひ　B)だいぶ　C)もうすぐ　D)たまに

答 1.C　2.B　3.A　4.B　5.D　6.D

7.道は 車で_____だ。歩いた ほうが 早い。
　　A)たくさん　B)いっぱい　C)多い　D)まんいん

8.忘れ物を しないように 気をつけて いたが、_____
　　電車の 中に かさを 忘れて しまった。
　　A)やはり　B)もちろん　C)ちっとも　D)たまに

9.あんな ひどい 所へは もう_____行きたくない。
　　A) 必ず　B)絶対　C)ぜひ　D)一度

10.いろいろ 考えましたが、_____会社を やめる ことに
　　しました。
　　A)まず　B)それから　C)けっきょく　D)やっと

11.もう 12時です。_____寝ましょう。
　　A)ちょうど　B)そろそろ　C)まだ　D)このごろ

12.なかなか 書けませんでしたが、昨日_____作文を
　　書きました。
　　A)やっと　B)最後に　C)はっきり　D)絶対に

13.昨日の 日曜日は 出かけないで、_____家に
　　いました。
　　A)たまに　B)よく　C)ずっと　D)ぜんぶ

14.まだ 少し 痛い けれど、けがは _____よく なった。
　　A)はっきり　B)しっかり　C)ぜひ　D)だいぶ

答 7.B　8.A　9.B　10.C　11.B　12.A　13.C　14.D

116

15.＿＿＿＿は 冷蔵庫を 買った。＿＿＿＿は 何を 買おうか。
　　A)この あいだ、今度　　B)さっき、それから
　　C)やっと、これから　　　D)はじめて、このごろ

16.＿＿＿＿砂糖を 入れて、＿＿＿＿塩を 入れます。
　　A)はじまりに、それから　B)はじめて、後で
　　C)最初に、とうとう　　　D)はじめに、次に

17.二、三日 薬を 飲んで 寝て いれば、＿＿＿＿なおり
　　ますよ。
　　A)今度　B)まず　C)やっと　D)すぐに

18.赤ちゃんは 大きい 犬を 見て、＿＿＿＿泣きそうな 顔を
　　して います。
　　A)今にも　B)このごろ　C)これから　D)そろそろ

19.今 7時 ちょっと 前です。＿＿＿＿テレビの 7時の
　　ニュースが 始まります。
　　A)ずっと　B)けっきょく　C)しばらく　D)もうすぐ

20.＿＿＿＿散歩に 行きます。いっしょに 行きませんか。
　　A)今にも　B)今度　C)これから　D)さっき

答　15.A　16.D　17.D　18.A　19.D　20.C

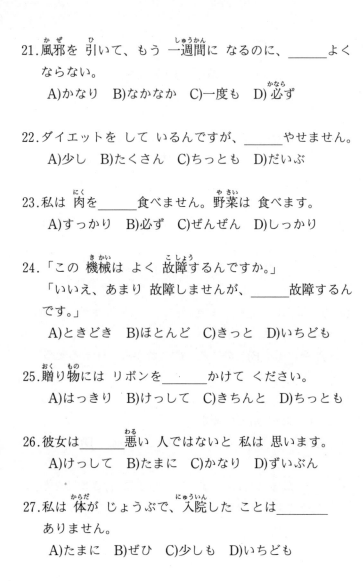

21. 風邪を 引いて、もう 一週間に なるのに、＿＿＿＿＿ よく
ならない。
　　A)かなり　B)なかなか　C)一度も　D)必ず

22. ダイエットを して いるんですが、＿＿＿＿＿ やせません。
　　A)少し　B)たくさん　C)ちっとも　D)だいぶ

23. 私は 肉を＿＿＿＿＿食べません。野菜は 食べます。
　　A)すっかり　B)必ず　C)ぜんぜん　D)しっかり

24.「この 機械は よく 故障するんですか。」
「いいえ、あまり 故障しませんが、＿＿＿＿＿故障するん
です。」
　　A)ときどき　B)ほとんど　C)きっと　D)いちども

25. 贈り物には リボンを＿＿＿＿＿かけて ください。
　　A)はっきり　B)けっして　C)きちんと　D)ちっとも

26. 彼女は＿＿＿＿＿悪い 人ではないと 私は 思います。
　　A)けっして　B)たまに　C)かなり　D)ずいぶん

27. 私は 体が じょうぶで、入院した ことは＿＿＿＿＿
ありません。
　　A)たまに　B)ぜひ　C)少しも　D)いちども

答　21.B　22.C　23.C　24.A　25.C　26.A　27.D

28.＿＿＿＿寒く なった。そろそろ コートが ほしい。
A)ずいぶん　B)きっと　C)たくさん　D)はっきり

29.晩御飯は たいてい 家で 食べますが、＿＿＿＿＿
レストランで 食べる ことも あります。
A)たまに　B)かなり　C)いつも　D)たびたび

30.ウィスキーを 一本、私 一人で＿＿＿＿飲んで しまった。
A)まったく　B)おおく　C)ぜんぶ　D)きちんと

31.先生、もっと＿＿＿＿、わかりやすく 説明して くださ
い。
A)てっきり　B)はっきり　C)どっきり　D)くっきり

32.また、＿＿＿＿＿遊びに 来て ください。待って います。
A)ぜひ　B)もし　C)ずっと　D)よく

33.助詞の 使い方は とても 大切ですから、＿＿＿＿＿覚え
ましょう。
A)だいぶ　B)かなり　C)しっかり　D)はっきり

34.＿＿＿＿＿かたづいた 部屋は 気持ちが いい。
A)はっきり　B)ちょうど　C)だいぶ　D)きちんと

35.お金は 今月の 31日までに、＿＿＿＿＿はらい ますよ。
A)必ず　B)よく　C)かなり　D)ぜひ

答 28.A　29.A　30.C　31.B　32.A　33.C　34.D
35.A

第 2 部

重要語
40のポイント

基本文 1

> この 本は 難しい（むずか）から、＿＿＿＿読（よ）もう。
> A)あと　B)あとに　C)あとで　D)あとあと

あとで

【ポイント】

A. あとで～する

1.部屋が 汚（きたな）いので あとで 掃除（そうじ）して ください。

2.今は 考えられない。あとで ゆっくり 考えよう。

B. 《動詞（どうし）た形＋あとで》

1.友達が 帰った あとで、恋人（こいびと）から 電話が ありました。

◇！「あとで」「まえに」

2.お風呂（ふろ）に 入（はい）る まえに、服（ふく）を 脱（ぬ）ぎます。

3.お風呂に 入った あとで、ゆっくり ビールを 飲（の）み ましょう。

【ドリル】

1.言って しまった あとで、＿＿＿＿＿＿＿＿＿＿＿＿＿。
　A)はっきり 言いました
　B)はっきり 言いましょう
　C)はっきり 言わない ほうがいい
　D)はっきり 言いすぎたと 思った

答 C　【ドリル】1.D

122

基本文　2

> 近(ちか)い＿＿＿＿＿、引越(ひっこ)します。
>
> 　A)うちは　B)うちに　C)うちで　D)うちも

うちに

【ポイント】

あとでは　だめだから、今(する)

1.学生の　うちに　勉強して　おこう。社会人(しゃかいじん)に　なったら
　時間が　なく　なるだろうから。

2.寒く　なら　ない　うちに　ストーブを　出しましょう。
　（＝寒くなるまえに）

【ドリル】

1.スープは　熱(あつ)い　うちに＿＿＿＿＿＿＿＿＿＿。
　　A)冷(つめ)たくないです　　　B)作って　ください
　　C)おいしいです　　　　　D)飲んで　ください

2.＿＿＿＿＿＿＿＿＿うちに　家へ　帰りなさい。夜(よる)　一人(ひとり)で　歩(ある)く
　のは　危(あぶ)ないから。
　　A)暗(くら)い　　　　　　B)暗く　ならない
　　C)明(あか)るくない　　　D)暗く　なる

答　B　【ドリル】1.D　2.B

基本文　3

「今年の 冬は 寒い＿＿＿で、ストーブが よく
売れる。」と 電気屋が 喜んで いる。
　A)せい　B)おかげ　C)ため　D)から

おかげ

【ポイント】

《A(の) おかげで、B》《A(の)は、B(の／な)おかげだ》

A. 良い ことの 場合

1.薬の おかげで 元気に なった。
2.毎日 元気に 働く ことが できるのは、体が 丈夫な
　おかげです。

B. 悪い ことの 場合

1.近所で 工事を している おかげで、うるさくて テレビ
　も 聞こえない。

◇!「おかげ」「せい」

2.あなたの せいで テープレコーダーが こわれて
　しまった。
3.電車が 遅れた せいで 授業に 遅刻して しまった。

◇!「おかげさまで」

4.おかげさまで、すっかり 元気に なりました。
5.「お元気そうですね。」「はい、おかげさまで。」

答 B

基本文　4

> 一週間＿＿＿＿＿テストを　します。今週 テストを
> しますから、次の テストは さ来週です。
> 　　A)たびに　B)後で　C)おきに　D)ごとに

おきに

【ポイント】

1.「今週は 二日おきに 雨が 降りました。」

2.「普通列車は 駅ごとに 止まりますが、急行は 三駅おき
　に 止まります。」

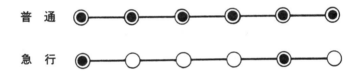

答　C

125

基本文 5

> すみません。この ワープロの 使い_____を 教え
> ていただきたいのですが。
>
>   A)よう　B)ほうほう　C)かた　D)ほう

かた（方）

【ポイント】

《動詞ます形＋かた》

書き~~ます~~＋かた→**書きかた**

方法

1.この 漢字の 読みかたを ご存じですか。
2.地図を 見ても、行き方が わからない。

【ドリル】

1.てんぷらの_____方は 難しいです。

  A)作る　B)作るの　C)作り　D)作って

2.私は 日本へ 来てから もう 1年に なりますが、
_____が まだ へたです。

  A）はしを 使う　　B）はしの 使いかた
  C）はしの 使い　　D）はしの 使うかた

答 C　【ドリル】1.C　2.B

基本文 6

> 「台風が 来る_____。」と 天気予報で 言っ
> ていたから、早く 帰ろう。
>
> A）らしいです B）そうです
> C）かも しれません D）ところです

かも しれない

【ポイント】

確かでは ないが、可能性が ある

1. 彼の 病気は ガンかも しれない。

2. 彼は もう 一度 日本に 来たいと 言って いたから、
  来年 また 来るかも しれない。

◇「そう」≠「かも しれない」

3. これ、おいしそうですね。（見て 感じた こと）

4. フランスの ワインは おいしいのが 多いから、この
  ワインも おいしいかも しれません。
  （頭で 考えた こと）

5. 昨日から 何も 食べて いない。おなかが すいて、
  死にそうだ。（感じた こと）

6. この 国は 食べ物が 足りない。寒く なったら、人が
  おおぜい 死ぬかも しれない。
  （頭で 考えた こと）

答 C

基本文 7

> すみません。図書館では、静かに＿＿＿＿＿。
>
> A)して ください　　B)ください
>
> C)しろ　　　　　　D)できる

ください

【ポイント】

頼む ときの 言い方

A. 《名詞＋を＋ください》

1.「ボタンと リボン。それから、ハンカチを 三枚
　ください。…… 全部で いくら ですか。」

B. 《動詞て形＋ください》

　《動詞ない形＋で ください》

1.封筒には 切手を はって ください。

2.ベッドで たばこを 吸わないで ください。

3.毎日 花に 水を やって ください。

【ドリル】

1.動物を＿＿＿＿＿ください。かわいそうですから。

　　A)いじめないで　　B)いじめなくて

　　C)いじめない　　　D)いじめる

答 A　【ドリル】1.A

基本文 8

雨の 日が 嫌いだと 言う 人が 多い。＿＿＿私は
雨の 日が 好きだ。

A)のに B)それに C)けれども D)そして

けれども（けれど）
【ポイント】
だが、しかし
1.この 工場は 狭いけれども、建物は 新しい。

2.昨日は いい 天気だったけれど、寒かったから、

　出かけませんでした。

【ドリル】

1.日本は きれいな 国だけれども、＿＿＿＿＿＿＿＿＿＿。

　　A)山も 海も ある　　B)公園が たくさん ある

　　C)夏は とても 暑い　D)春夏秋冬の 季節が ある

2.トムさんは＿＿＿＿＿＿けれども、力は 強いです。

　　A)とても 元気だ　　B)体は 大きい

　　C)太って いる　　　D)体は 小さい

答 C 【ドリル】1.C 2.D

基本文　9

> この ビルの_____を 知って いますか。
>
> 　　A)高い　B)高み　C)高さ　D)高く

～さ

【ポイント】

《い形容詞・な形容詞＋さ》

形容詞から 名詞を 作る

　広い＋さ→広さ、静かな＋さ→静かさ

1.飛行機に 乗る 前に 必ず 荷物の 重さを はかる。

2.この 花は 寒さに 強い。

【ドリル】

1.地震が 起きて、水の_____が よく わかりました。

　　A)大切な　B)大切さ　C)大切で　D)大切

2.私は_____が 好きです。

　　A)あの 人の やさしさ　　B)あの 人が やさしいさ

　　C)あの 人が やさしさ　　D)あの 人の やさしいさ

答 C　【ドリル】1.B　2.A

130

基本文 10

春子さんは やさしい_____、親切だから、私は
彼女が 好きです。

        A)し   B)から   C)ので   D)だから

〜し

【ポイント】

いろいろな 理由を 並べて 言う

1. この セーターは 色も きれいだし、デザインも いい
   から、買いました。
2. 私は 頭が 悪いし、体も 弱くて だめな 人間です。
3. まだ 学生だし、お金も ないから、車は 買えません。
4. 荷物が 多かったし、雨も 降って いたので、
   タクシーで 帰った。
5. 料理も 作ったし、飲物も 買ったし、パーティーの
   準備は だいたい 終わった と思います。

    ⚠ ×「……から、……から 」

      ○「……し、……から 」

  色も きれいだ~~から~~、デザインも いいから、買いました。
            ↓
            し

答 A

基本文 11

> 子供が 一人＿＿＿＿ いない 家庭(かてい)が 多く なった。
>
> A)だけ　B)しか　C)ばかり　D)さえ

しか〜ない

【ポイント】
少ない／他(ほか)に ない

1. この 町(まち)には 喫茶店(きっさてん)が 一軒(いっけん)しか ない。
2. 私の 家から 銀行(ぎんこう)まで 一分くらいしか かかりません。

⚠️「しか」≠「だけ」≠「ばかり」

　千円しか ない。(千円は 少ないと 考(かんが)えて いる。)

　千円だけ ある。(千円は 少ないが、「ある」。)

　千円札ばかり ある。(千円札だけが たくさん ある。)

3. 持って いる 金は 千円だけだが、これで 足(た)りる
   だろう。
4. 一円玉(いちえんだま)ばかり あって、じゃまだなあ。

答 B

132

基本文 12

> この 問題は 複雑＿＿＿＿、私には 無理です。
>
> A)すると　B)より　C)から　D)すぎて

〜すぎる

【ポイント】

《動詞ます形＋すぎる》

飲み~~ます~~＋すぎる→**飲みすぎる**

《形容詞＋すぎる》

高~~い~~＋すぎる→**高すぎる**

 いい→よすぎる

非常に〜から、よく ない

1. 日本人は 働きすぎる。もっと 休んだ ほうが いい。
2. この ズボンは 長すぎるので、少し 短くして ください。
3. 静かすぎると、寝られない。

【ドリル】

1.「お母さんの 声は 大きすぎる。＿＿＿＿＿＿＿＿＿。」

A)よく 聞こえて、いい 声だよ

B)やさしくて、聞きやすい 声だよ

C)もっと 大きい 声で 話しても いいよ

D)そんなに 大きい声で 話さなくても いいよ

答 D　【ドリル】1.D

基本文 13

> 荷物(にもつ)が たくさん あるので、少し＿＿＿＿運(はこ)びまし
> ょう。
>
> 　　A)ほど　B)くらい　C)ずつ　D)しか

ずつ

【ポイント】

　《数(かず)や 量(りょう)の 言葉(ことば)＋ずつ》

A. 同じ 数量(すうりょう)を くりかえす

 1.一日に 十字(じゅうじ)ずつ 漢字を 覚(おぼ)えたいと 思います。

 2.一人ずつ スピーチを して ください。

B. 同じ 数量で 分(わ)ける

 1.20人の クラスで 5人ずつ の グループを 作(つく)ると、
　　グループが 4つ できます。

 2.りんごが 一つしか なかったので、二人で 半分(はんぶん)ずつ
　　食べました。

⚠️「たくさんずつ」は 言わない。

　×クレイグさんは 漢字を 毎日 たくさんずつ
　　覚(おぼ)えたいと 思って います。

　○クレイグさんは 漢字を 毎日 たくさん 覚えたいと
　　思って います。

答 C

基本文 14

> 東京には 駐車場が 少ない。_____、道に 車が
> たくさん 止めて ある。
>
> A)すると　B)そこで　C)だから　D)から

だから

【ポイント】

その 理由で

1.「トムさんは アメリカ人ですが、日本で 生まれて、
　日本で 育ったそうですよ。」
　「だから、あんなに 日本語が 上手なんですね。」
2.ゆうべ、遅くまで テレビを 見て いました。だから、
　今日は ねむくて、ねむくて……。

【ドリル】

1.ひどい 風邪を 引きました。熱も あります。だから、

　_____。

　　A)会社を 休みます　B)だいじょうぶです
　　C)薬は 飲みません　D)出かけましょう

答 C　【ドリル】1.A

135

基本文 15

電車の 中で 隣の 人が 急に 笑い_____。びっくりして みんな その 人を 見たら、イヤホーンで ラジオを 聞いて いた。

A)でた　B)だした　C)かける　D)はじまった

〜だす

【ポイント】

急に 〜始める

1.空が 暗く なって、雨が 降り出したので、私たちは 近くの 喫茶店に 入った。

2.どろぼうは 警官を 見ると 走り出した。

◆「出す」「始める」

3.赤ちゃんが 急に 泣き出したので、お母さんは ミルクを 飲ませた。

4.先生は、学生に わかるように、やさしく ゆっくり 話し始めた。

答 B

136

基本文 16

> 野菜と いうのは、＿＿＿トマトや きゅうり など
> です。
>
>   A)まるで　B)きっと　C)たとえば　D)たとえて

たとえば

【ポイント】
例を あげると

1.私は たとえば チーズケーキのような、 あまり 甘く
ない ケーキが 好きです。

2.A「どんな 会社に 入りたい ですか。」
　B「大きくて 給料が 高い 会社に 入りたいと 思いま
す。」
　A「たとえば、どんな 会社 ですか。」
　B「そうですね…。松田商事とか 星山電機が いいと
思います。」

【ドリル】

1.病気が なおったら、軽い スポーツ、たとえば＿＿＿を
したいと 思います。
　A)おもしろい スポーツ　B)運動
　C)かんたんなの　　　　D)テニスなど

答 C　【ドリル】1.D

137

基本文 17

祭りの 日には 神社で＿＿＿＿＿＿＿＿

します。

　A)うたった おどりを おどったり

　B)うたってから おどりを

　C)うたったり おどったりを

　D)うたったり おどったり

～たり

【ポイント】

《～たり、(～たり)＋する》

いろいろな ことの 中から、一つか 二つ 選んで言う

1. 高校生たちは、電車の 中でも 話したり 笑ったりして います。
2. コンサートでは 演奏中に 出たり 入ったり しては いけません。
3. 寒かったり 暑かったり して、変な 天気です。
4. 踏んだり、けったり されて ひどい目に あった。
5. 教室の 中で 物を 食べたり しないで ください。

⚠️「～たり、～たり」≠「～て、～て」

「～て、～て」には 順番が ある。

[～して、(次に)～して、(それから)～]

6. 朝、学校に 着いて、ドアを 開けて、席に 座って、 本を 出して 読みはじめます。

答 D

138

基本文 18

家族の_____、いっしょうけんめい 働いて いま
す。

　　　A)もので　B)ように　C)ことで　D)ために

ため(に)

【ポイント】

A. 目的

1. 両親の ために 家を 建てたいと 思います。
2. 研究の ための 部屋を 研究室と いいます。
3. 正しい 日本語を 勉強する ため 日本語学校に 入り
   ました。

⚠️ 「ため(に)」 ≠ 「よう(に)」 <〜する目的>の場合
　　「ため」の 前は 自分の 意志で する 動作、
　　「よう」の 前は 自分の 力や 意志では 動かせない
　　こと(状態を 表す 動詞、ない形、可能形)が 多い。
　　　×太らない ために 運動を する。(○ように)
　　　×よく 見る ように 前に 出た。(○ために)
　　　○よく 見える ように 前に 出た。(×ために)

B. 原因

1. 台風の ために 橋が こわれて しまった。
2. ゆうべ、飲みすぎた ために、頭が ひどく 痛い。
3. お金が ない ために、旅行に 行けません。

答 D

基本文 19

> 花が 咲き始めた。もうすぐ 春に なる_____。
>
> A)だろう　B)ことだ　C)そうだ　D)ものだ

だろう

【ポイント】

よく わからないが、たぶん(〜と 思う)

ていねい体では「でしょう」

1. あの 川は たぶん 深いでしょう。ずいぶん 青い色を
   して いますから。
2. 「あの 方の 専門は 何ですか。」
   「よく 知りませんが、経済だろうと 思います。」
3. 「お父さんは いかがですか。」
   「おかげさまで、来週 退院できる だろうと 思いま
   す。」

【ドリル】

1. 「今年の 夏は 特に 暑く なるでしょう。」
   「_____。」
   A)ほんとうに 暑いですね
   B)それじゃ、クーラーを 買いましょう
   C)冷たい ビールばかり 飲んで います
   D)そう。30度 以上の 日ばかりでした

答 A　【ドリル】1.B

基本文 20

> 看護婦は 一晩＿＿＿＿寝ないで 病人の 世話を する。
>
> 　　A)ちゅう　B)じゅう　C)あいだ　D)まで

〜中(ちゅう、じゅう)

【ポイント】

A. ちゅう

して いる ところ

1.社長は 今 電話中 です。
2.店は まだ 準備中です。11時に 開きます。

B. じゅう

全部（場所・時間）

1.世界中の 科学者が 集まって 会議を 開く。
2.南の 国では 一年中 花が 咲いて いる。

【ドリル】

1.お仕事中に＿＿＿＿＿＿＿＿＿＿＿＿＿。
　　A) 忙しそうですね
　　B)がんばって ください
　　C)おじゃまして すみません
　　D)忙しい だろうと 思います

答 B　【ドリル】1.C

基本文 21

> 明日 病院へ お見舞いに 行く___です。
> A)とき　B)よう　C)かも しれない　D)つもり

つもり

【ポイント】

～する ことを 考えて いる(意志・計画)

1.誕生日の お祝いに 母に テープレコーダーを あげる
　つもり です。

2.オートバイは 危ないので 乗らない つもりです。

3.彼は 来年 帰国する つもりらしい。

◇「つもり＋ない」には 形が 二つ ある
　①「する つもりは ない」②「しない つもり」

　「する つもりは ない」の ほうが、「しない つもり」
より、「しない」という 意味が 強い。

◇「つもり」≠「予定」

4.私は 来年の 春に 帰国する つもりです。
　(自分 だけの 考え)

5.船は 来月の 10日に 港に 入る 予定だ。

6.来週の 仕事の 予定は まだ 決って いない。

7.社長は 来月 アメリカへ 出張する 予定です。

答 D

基本文 22

> 家の 近くに 美術館が＿＿＿＿。
> A)作った　B)見えた　C)できた　D)きた

できる

【ポイント】

A. 力、能力が ある

1.「彼女は 英語が よく できますね。あなたは。」
　「私は 何も できません。」

B. (新しい ものが)作られる、出てくる、生まれる、終わる

1.郊外に 新しい 地下鉄の 駅が できて 便利に なった。
2.急に 用事が できたので、すぐ 帰らなければ……。
3.結婚して 子供が できると、仕事を やめる 女性が 多い。
4.準備が できたら 出かけましょう。

【ドリル】

1.中村君は 勉強が よく できる。＿＿＿＿＿＿＿からだ。
　　A)お金が ある　　B)体が じょうぶだ
　　C)頭が いい　　　D)ハンサムだ

答 C　【ドリル】1.C

基本文 23

> 山田さん＿＿＿ 人を 知って いますか。
> A）と いった　　B）と いう
> C）と いって　　D）と いい

という

【ポイント】

自分や 相手が 知らない ものを 言う とき、また、
はじめて 聞く ものを 言う とき、その 言葉の 後に
つける

　会話では「って」

1.「この 山を 知って いますか。」

「いいえ、知りません。」

「この 山は モンブランと いう 山です。」

2.「ドイツ大使館の ウドと いう 方から お電話ですけ
ど…。ウドさんって どなたですか。」

「ウドって だれだろう。」

3.「ドイツ大使館の ウドさんから お電話ですよ。」

「ああ、ウドさんか、久しぶりだな。」

【ドリル】

1.会社の そばに 新しい レストランが できたんですよ。

「チャオ」＿＿＿＿＿＿＿＿。今度 行って みませんか。

　A）と いう 場所です　B）と いうの 店です

　C）と いう 店です　　D）と いうの 名前です

答 B　【ドリル】1.C

144

基本文 24

A「仕事は 全部 やりました。」
B「_____、ごくろうさま。」
  A)どうぞ B)どうも C)どうか D)どうにも

どうも
【ポイント】

A. ほんとうに・まったく

1.「どうぞ、召し上がって ください。」
  「どうも、ありがとう。いただきます。」
2.「これ、こわれて いたので、直して おきました。」
  「あっ、どうも すみませんでした。」

B. はっきり わからないが

1.「どうも よく わからないので、 もう 一度 説明して
  くださいませんか。」
2. 薬を 飲んでも なおらない。どうも 変だ。病院へ
  行った ほうが いいかも しれない。

答 B

145

基本文 25

> わからない 言葉は、辞書を 引く＿＿、友達に 聞
> く ＿＿して 調べます。
>
> A)と、と　B)や、や　C)し、し　D)とか、とか

とか

【ポイント】

《名詞＋とか》

《動詞辞書形＋とか＋する》

いろいろな もの・ことの 中から 一つか 二つ 選んで 言う

1. テーブルの 上には フォークとか ナイフとかが 並んでいる。
2. 乗り物と いうのは 電車とか バスとかの ことです。
3. つかれたら、お茶を 飲むとか、ちょっと テレビを 見るとか する ほうが いいでしょう。
4. たまには 映画を 見に 行くとか したいけれど、ひまが ありません。

◇! 「～や～や（など）」「～と～と」「～に～に」は、いつも 名詞と いっしょに 使う。

5. テレビは、天気予報や、ニュースや、ドラマなどを 放送します。
6. ワイシャツと ズボンと セーターを 買った。
7. 私の 家族は、父に 母に 姉に 私の 4人 です。

◇! 「とか」＋助詞

8. 日本料理は すしとか さしみとかが 好きだ。

答 D

基本文 26

来週 銀座へ＿＿＿＿とき、銀座で 靴を 買おうと
思って います。

　A)行く　B)行って　C)行った　D)行ったら

とき

【ポイント】

1. きのう 銀座へ 行く とき、バスの 中で、かわいい
　赤ちゃんを 見た。(銀座へ 着く 前)
2. 先週 銀座へ 行った とき、デパートで この 靴を
　買った。(銀座に 着いた 後、銀座で)
3. 恋人に 会う ときは 鏡を 何回も 見てから、出かけ
　ます。(恋人に 会う 前)
4. 恋人に 会った とき、たいてい 彼女と ビールを
　飲みます。(恋人に 会って いる)

⚠ 「とき」 ≠ 「場合」
　「場合」は 「もし・たら・ば」のような 意味で 使う。
　あとで 起きるかも しれない ことを 頭の 中で 考える。
　→ 文の 終わりに 過去形は 使わない

5. 一年前 日本へ 来た ときは 何も わからなかった。
　× 一年前、日本へ 来た 場合は ……
6. 都合が 悪い 場合は 電話で 連絡します。
7. 雨の 場合は 試合が ありません。

答 C

147

基本文 27

> 「テレビを＿＿＿＿、勉強＿＿＿＿＿。」と 言われるけれ
> ど…。
>
>   A) 見ない、しろ　　B) 見るな、する
>   C) 見るな、しろ　　D) 見られるな、できろ

〜な

【ポイント】
《禁止形》

しては いけない

1.「こんなに 遅(おそ)く 学校に 来るな、もっと 早く 来い。」
  と 先生は 学生を しかった。
2.高校の 先生は よく「漫画(まんが)を 読むな、小説(しょうせつ)を 読め。」
  と おっしゃって いた。
3.「殺(ころ)すな、泥棒(どろぼう)するな、正(ただ)しい 生活(せいかつ)を しろ。」

⚠️「命令形(めいれいけい)」「禁止形(きんしけい)」の 作(つく)り方(かた)
　　Ⅰグループの 動詞
　　　　「言う」→「言え」「言うな」
　　　　「読む」→「読め」「読むな」
　　Ⅱグループの 動詞
　　　　「見る」→「見ろ」「見るな」
　　　　「起きる」→「起きろ」「起きるな」
　　Ⅲグループの 動詞
　　　　「来る」→「来い(こい)」「来るな(くるな)」
　　　　「する」→「しろ」「するな」

答 C

基本文 28

> 朝食を 食べ＿＿＿＿会社へ 行く 人が 多いそうです。
>
> A)なくて　B)ないで　C)ない　D)ず

〜ないで

【ポイント】

《動詞＋ないで＋文》

1.体の ために、車に 乗らないで 歩く ことに した。
2.予約を しないで 行くと、入れないかも しれません。

◇「ないで」≠「なくて」

「なくて」は 形容詞・名詞に つく。

3.今年の 冬は 寒く なくて、よかった。
4.彼は アメリカ人では なくて、イギリス人だ。

◇「ずに」＝「ないで」

5.あの 子は 勉強せずに 遊んで ばかりいる。
　　　　（＝勉強しないで）
6.夏休みが 終わっても 学校に 来ずに アルバイトを
　して いる そうです。　　（＝来ないで）
7.お金を 持たずに 出かけて しまった。
8.8月6日は 私の 誕生日です。忘れずに プレゼントを
　ください。

答 B

基本文 29

> コーヒーを 飲み＿＿＿、宿題をして います。
>
> A)とか　B)ながら　C)すぎて　D)っぱなし

〜ながら

【ポイント】

《動作の 動詞＋ながら》

一人の 人が 二つの ことを 一緒に する

後の 動作の ほうが 大切

1. 音楽を 聞きながら 洗濯を する ことが あります。
2. 女の子は 泣きながら 走って 行きました。

⚠️ 「〜て いる」を つけると 状態を 表す 動詞は、

「ながら」と 一緒に 使う ことが できない。

例：落ちる(×落ちながら)、死ぬ(×死にながら)

×疲れたので、すわりながら 花火を 見た。

○疲れたので、すわって 花火を 見た。

×電車に 乗りながら、新聞を 読みます。

○電車に 乗って 新聞を 読みます。

答 B

150

基本文 30

いらない 道具を たくさん すてたので、部屋
が ＿＿＿ なった。
　　A)広く　B)広い　C)広いに　D)広そうに

なる
【ポイント】
変わる こと(変化) を 表す

《い形容詞＋く なる》《な形容詞・名詞＋に なる》

《動詞現在形＋ように なる》

1.息子は 今年 やっと 医者に なりました。

2.春に なると スキー場は 客が いなく なって、静かに
なります。

3.娘は 2歳に なって 少し 言葉を 話す ように
なりました。

⚠️「く(に) なる」「く(に) する」

4.寒く なったので、 ヒーターを つけて 部屋を 暖かく
しましょう。

5.ヒーターを つけたので 部屋が 暖かく なりました。

6.「静かに して ください。」と 先生が 言ったので、学
生たちは 静かに なりました。

答 A

151

基本文 31

> 親切に して あげた_____、お礼を 言いません。
> 失礼な 人だと 思います。
>
> A)しかし　B)でも　C)のに　D)ので

のに

【ポイント】

《動詞・い形容詞＋のに》《な形容詞・名詞＋なのに》

けれども・しかし

1.あの 人は たくさん 食べるのに、ぜんぜん 太らない。
2.何度も 聞いたのに、まだ よく わかりません。
3.こんなに 寒いのに シャツだけじゃ、風邪を 引くよ。
4.日本人なのに 英語が ペラペラ なんです。 びっくり
　しました。
5.彼は いつも やさしくて 親切なのに、今日は こわい
　顔を している。

◇「のに」「けれども」

6.彼は 熱が あったのに、会社を 休まなかった。それで、
　病気が 悪く なって、入院して しまった。
　(普通なら 熱が ある ときは 会社を 休む。しかし、
　彼は 休まなかった)
7.熱が あった けれども、会社を 休まなかった。
　(熱が あった。しかし、休まなかった。——事実だけを
　言う)

答 C

基本文 32

使い方が わからない＿＿＿、質問して ください。

A)の　B)もし　C)はず　D)場合は

場合

【ポイント】

あとで 起きるかも しれない ことを 頭の中で 考える

1. 遅く 帰る 場合、必ず 家に 連絡して ください。
2. 地震が 起きた 場合は、まず 火を 消す ことが 大切です。
3. 外国人の 場合、パスポートが 絶対に 必要です。
4. 保証人の サインが 必要な 場合、いつでも 家に 来て ください。
5. 検査の 結果が 悪い 場合は 入院しなければ ならない。

◇「～場合＋～た。」は ない。

（ほんとうに あったこと、起きた ことには 使わない）

×タクシーを 降りる 場合、財布を 落とした。

○タクシーを 降りる とき、財布を 落とした。

答 D

153

基本文 33

いつも 失敗＿＿＿＿＿して いるので、恥ずかしくて
しかたが　ない。

　　A)だけ　B)ばかり　C)しか　D)さえ

ばかり

【ポイント】

A. 数、量、回数が とても 多い

1. 毎日 雨ばかり 降って います。
2. お菓子ばかり 食べて いたら、歯が 悪く なって
   しまった。
3. そんなに 遊んで ばかり いると、大学に 入れません
   よ。

B. くらい

1. 一週間ばかり 休ませて ください。
2. 今度の 旅行では 交通費が 3万円ばかり かかります。

答 B

154

英子さんは 3年前に 高校に 入りました。今年の
春に＿＿＿＿＿です。

　　A)卒業する こと　　B)卒業する はず

　　C)卒業する つもり　D)卒業する もの

はず

【ポイント】

当然の こと、決まって いること、予定の こと

1.イムランさんは イスラム教だから、豚肉は 食べない
　はずです。

2.彼は 頭が いいから、こんな やさしい 問題は
　すぐ わかるはずです。

3.毎年 6月に なると、「つゆ」が 始まる。今年も
　もうすぐ 雨が 降り始めるはずだ。

4.この 新幹線は 9時30分に 大阪に 着くはずです。

【ドリル】

1.メアリさんは もう アメリカへ＿＿＿はずです。
　もうすぐ アメリカから 手紙が 来ると 思います。
　　A)帰る　B)帰って　C)帰った　D)帰り

答 B　【ドリル】1.C

基本文 35

> クーラーを_____で 寝たら、風邪を 引いて しまった。
>
> A)つけながら　　B)つけっぱなし
>
> C)つけない　　　D)つけたり

〜っぱなし

【ポイント】

A. 〜たまま

しなければ ならない ことを しないで、そのままにする

1. ドアを 開けっぱなしで 出かけたら、泥棒に 入られて しまった。
2. 歯を みがく とき、水を 出しっぱなしに しないで、止めて ください。

B. ずっと 続いて 〜する

1. 朝から 立ちっぱなしで、足が 疲れて しまった。
2. 彼女は 試験に 落ちてから 泣きっぱなしです。

答 B

あそこに 警官(けいかん)が いるから、車は 駐車場(ちゅうしゃじょう)に_____
ほうが いい。
　　A)止(と)まる　B)止まった　C)止めた　　D)止めない

～ほうが いい

【ポイント】

《動詞現在形(げんざいけい)・動詞た形 ＋ほうが いい》

すすめる、アドバイスする、比(くら)べて 選(えら)ぶ ときの 言(い)い方

1.この 服(ふく)は 値段(ねだん)が ちょっと 高すぎるから、買わない
　ほうが いいと 思います。

2.彼を 愛(あい)して いないの。 じゃ、別(わか)れた ほうが いいね。

3.今日は 忙しかったので、疲(つか)れた。早(はや)く 寝(ね)た ほうが
　いいな。

【ドリル】

1.「こんな 悪(わる)い ことは、もう やめた ほうが いいよ。」
　「_____。」
　　A)そうですか。やめますか
　　B)そうですね。もう やめます
　　C)そうですか。やめたんですか
　　D)そうですね。もう やめました

答 C　【ドリル】1.B

基本文 37

あした、うちで パーティーを します。あなたも

_____。

A）来ましょうか　B）来ませんか

C）行きますか　D）行きましょう

ませんか

【ポイント】

人を さそう ときの 言い方

1. A「あした 美術館（びじゅつかん）へ 行きませんか。」

B「ええ、いいですね。」

A「何時（なんじ）に 行きますか。」

B「3時に 行きましょう。」

2. 「明日の 夜、うちへ 来ませんか。日本料理を

ごちそうしますよ。」

「ほんとうに、うかがっても いいんですか。

ありがとう ございます。」

【ドリル】

1. 「これ、いかがですか。食べませんか。」

「はい、_____。」

A）いかがです　B）ありがとう ございます

C）食べません　D）食べないと 思います

答 B　【ドリル】1.B

158

> 授業料_{じゅぎょうりょう}は、郵便局_{ゆうびんきょく}_____銀行で 払_{はら}って くださ
> い。
>
> A)また　B)または　C)またまた　D)またと

または

【ポイント】

《 A または B 》

A か B

1. ランチには　コーヒー または 紅茶_{こうちゃ}が 付_つきます。
2. 遅刻_{ちこく} または 欠席_{けっせき}の 場合_{ばあい}は 必_{かなら}ず 学校に 電話_{でんわ}で
   連絡_{れんらく}して ください。

【ドリル】

1. 北日本_{きたにほん}では 明日_{あす} 雨_{あめ} または_____。

    A)天気が よく なるでしょう
    B)風_{かぜ}は ないでしょう
    C)雪_{ゆき}が 降るでしょう
    D)晴_はれでしょう

答 B　【ドリル】1.C

基本文 39

> 疲れて いたので、服を 着た＿＿＿寝て しまった。
>
> A)きり　B)っぱなし　C)まま　D)だけ

まま

【ポイント】

《動詞た形＋まま》

変えないで、同じ 状態で

1. 日本では 靴を はいた まま 家の 中に 入る ことは できません。

2. 「窓を 閉めましょうか。」

   「いいえ、その ままで いいです。」

【ドリル】

1. 窓を＿＿＿＿まま 寝て しまって、風邪を 引きました。

   A)開けて　B)開ける　C)開け　D)開けた

2. テーブルの 上に アイスクリームを 置いた まま、＿＿＿＿＿＿＿＿＿＿＿ので、アイスクリームが とけて しまった。

   A)出かけて しまった　B)食べて しまった

   C)食べようと 思った　D)ずっと 食べて いた

答 C　【ドリル】1.D　2.A

基本文 40

> 私の 名前は かんたんで 覚え＿＿＿＿ 名前です。
> A)やさしい　B)やすい　C)できる　D)にくい

～やすい

【ポイント】

《動詞ます形＋やすい》

わかりま~す~＋やすい→**わかりやすい**

～するのが かんたんだ／楽だ

1.山へ 行く ときは 歩きやすい 靴を はきます。

2.この ペンは、とても 書きやすいので、いつも 使って
います。

⚠️「～やすい」←→「～にくい」

3.この 薬は 甘くて 飲みやすいですが、あの 薬は
苦くて 飲みにくいです。

4.「驚く」と いう 漢字は 覚えにくい。何度 練習して
も 覚えられない。

答 B

重要語
40のポイント

練習問題

【問題A】

1.私は 果物、特に いちご＿＿＿メロン＿＿＿が 好きです。
　　　A)や、や　B)と、と　C)も、も　D)とか、とか

2.りんごが 一つ＿＿＿＿＿ありません。二人で 半分＿＿＿＿＿
　食べましょう。
　　　A)しか、も　　　　B)だけ、ずつ
　　　C)しか、ずつ　　　D)も、しか

3.赤い ワインは 冷たく＿＿＿＿＿飲んで ください。
　　　A)しなくて　B)しないで　C)なく　D)ないで

4.熱が＿＿＿＿＿場合は、こちらの 薬を 飲んで ください。
　　　A)高い　B)高くて　C)高　D)高く

5.来週 帰国しますが、来年 また 日本へ 来る＿＿＿＿＿
　です。
　　　A)こと　B)つもり　C)かも しれない　D)だろう

6.父は 毎日 6時半に 帰って 来ます。今 6時すぎです
　から もうすぐ 玄関の ベルが 鳴る＿＿＿＿＿です。
　　　A)こと　B) つもり　C)予定　D)はず

7.この 川の＿＿＿＿＿は どれくらいですか。
　　　A)深さ　B)深み　C)深い　D)深く

答 1.D　2.C　3.B　4.A　5.B　6.D　7.A

8.「窓を 開けましょうか。」
　「いいえ、その ____ で いいです。」
　　　A)場合　B)はず　C)ほう　D)まま

9.「すみません。_____ ください。」
　　　A)ビールを 2本　　B)ビールが 2本
　　　C)2本の ビールが　D)ビール 2本を

10.この 薬を 毎日 3つ____ 飲んで ください。
　　　A)で　B)しか　C)とか　D)ずつ

11.「私は アレルギーで 食べられない 物が あるん
　　　です。」
　　「どんな 物が 食べられないんですか。」
　　「____、貝とか エビとかが だめなんです。」
　　　A)かならず　B)だから　C)たぶん　D)たとえば

12.ゆうべは ちょっと 飲み____ しまった。今日は
　　朝から 頭が 痛い。
　　　A)続いて　B)すぎて　C)こんで　D)とって

13.あの 店は 高いから、買わない____ いいです。
　　　A)ほうが　B)ことが　C)場合が　D)はずが

14.その 人は 日本語の 教科書を 持って いましたから、
　　日本語学校の____かも しれません。
　　　A)学生　B)学生です　C)学生の　D)学生だ

答 8.D　9.A　10.D　11.D　12.B　13.A　14.A

15.この いすは 座りにくい ですね、＿＿＿＿のは
　　ありませんか。
　　　　A)座れる　B)よく 座る　C)座った　D)座りやすい

16.昨日＿＿＿＿、やって しまえば よかった。
　　　　A)うち　B)うち　C)の うちに　D)の うちから

17.日本の アパートの 狭＿＿＿に びっくりして しまった。
　　　　A)い　B)さ　C)く　D)み

18.あっ、財布が ない。駅で＿＿＿＿かも しれない。
　　　　A)落とす　　　　B)落とした
　　　　C)落として　　　D)落とされた

19.いい 薬が 作られた＿＿＿＿、病気が 早く 治るように
　　なった。
　　　　A)せいで　　　　B)おかげで
　　　　C)おかげさまで　　D)の おかげで

20.両親と 相談＿＿＿＿、返事を します。
　　　　A)してから　　B)した
　　　　C)あとで　　　D)した あとに

21.オーストラリアの 夏は とても 暑い＿＿＿＿＿＿。
　　　　A)と いう のです　　　B)と いう ことです
　　　　C)と いう 意味です　　D)と いう 夏です

答 15.D　16.C　17.B　18.B　19.B　20.A　21.B

22.空が 暗く なって きた。今にも 雨が 降り＿＿＿＿＿そう
だ。
　　　A)始める　B)出す　C)始まり　D)出し

23.「タンさんは 銀行員です。」
　　「＿＿＿＿＿、いつも かばんの 中に お金を いっぱい
　　入れて いるんですね。」
　　　A)だから　B)それから　C)どうも　D)でも

24.大きすぎて 食べられません。 小さく 切って＿＿＿＿＿
して ください。
　　　A)食べいい B)食べやすい C)食べやすく D)食べて

25.これから、一人＿＿＿＿＿名前を 呼びます。呼ばれた
人は こちらに 来て ください。
　　　A)で　B)の　C)ずつ　D)しか

26.横浜に ＳＳ電気の 新しい 工場が＿＿＿＿＿＿＿＿です。
　　　A)できる つもり　　　B)できる 予定
　　　C)作る つもり　　　　D)作る 予定

27.風邪を 引いて 一週間 学校を 休みましたが、もう
元気＿＿＿＿＿＿＿＿。
　　　A)に しました　　　　B)なりました
　　　C)に なりました　　　D)しました

答 22.D　23.A　24.C　25.C　26.B　27.C

167

28.日本語を 勉強＿＿＿＿のに、上手に 話せません。

    A)する　B)して いる　C)して　D)な

29.欠席＿＿＿＿場合は、その前に 必ず 連絡を して

  ください。

    A)する　B)するの　C)し　D)した

30.祖父は 昔の 写真を 見るのが 好きで、毎日 アルバム

  ＿＿＿＿見て います。

    A)しか　B)ばかり　C)ほど　D)くらい

31.荷物を 送る＿＿＿＿、郵便局へ 行きました。

    A)ために　B)の 場合　C)の ために　D)場合

32.日曜日は 一日＿＿＿＿寝て いる ことも あります。

    A)ちゅう　B)じゅう　C)あいだ　D)の うち

33.あの おすもうさんは 一日＿＿＿＿勝ったり、負けたり

  する。今日 勝ったから、明日は きっと 負けるだろう。

    A)おきに　B)ずつに　C)うちに　D)だけに

34.私が 日本に いるので、国の 母は 一人で さびし

  がって いる＿＿＿＿＿＿。

    A)かも しれない　B)か しれない

    C)かも しらない　D)か しらない

答 28.B　29.A　30.B　31.A　32.B　33.A　34.A

168

35.国で 日本語を 勉強して いた＿＿＿＿、日本へ 来て からも 困（こま）らなかった。

A）おかげ B）おかげさまで

C）のおかげで D）おかげで

36.あの スーパーは 8時まで しか＿＿＿＿＿＿＿＿。

A）開いて います B）開きます

C）開いて いません D）開きません

37.安田先生の 説明（せつめい）は とても＿＿＿＿ので、学生たちは 安田先生が 好（す）きです。

A）わかる B）わかりやすい

C）わかった D）わかることができる

38.雨が 降ら＿＿＿＿、晴（は）れた日 ばかり 続いたので、木が 枯（か）れて しまった。

A）なくて B）ないで C）なければ D）ないと

39.会社で タバコを＿＿＿＿＿＿＿＿仕事（しごと）を するのは よくない 習慣（しゅうかん）です。

A）吸（す）いながら B）吸います

C）吸って から D）吸った

40.体の ために、野菜（やさい）を たくさん 食べた＿＿＿＿＿。

A）ほうが いい B）ことが いい

C）のが いい D）より いい

答 35.D 36.C 37.B 38.B 39.A 40.A

169

【問題Ｂ】

1.庭の 花が きれい＿＿＿＿＿写真を とりましょう。

    A)な うちで　B)な うちに　C)うちに　D)の うちに

2.ヨーロッパや アメリカの 人は 日本人に 「そんなに

  ＿＿＿＿＿。もっと 休みを 取れ。」と 言いますが …… 。

    A)働かない　　　　B)働いて いない

    C)働きません　　　D)働くな

3.「ご家族は お元気ですか。」

   「＿＿＿＿＿＿＿、みんな 元気に して おります。」

    A)おかげさまに　　B)おかげに

    C)おかげさまで　　D)おかげ

4.あの 子は かわいい＿＿＿＿＿、頭は よくない。

    A)ので　B)けれども　C)のが　D)のは

5.この スカートは ちょっと 短いから、もう 少し

  長＿＿＿＿＿＿＿。

    A)いに しましょう　　B)く しましょう

    C)く なりました　　　D)いのです

6.えんぴつで 何回も＿＿＿＿＿、消したり したので、紙が

  黒く なった。

    A)書いて　B)書いたり　C)書き　D)書くと

答 1.B　2.D　3.C　4.B　5.B　6.B

7.この レストランは 準備<ruby>準備<rt>じゅんび</rt></ruby>＿＿＿で、まだ 入れない。
　　A)ために　B)ちゅう　C)の 場合　D)じゅう

8.ゆうべは 頭が 痛くて、熱も 少し ありました。
　＿＿＿早く 寝ました。
　　A)どうも　B)しかし　C)それから　D)だから

9.<ruby>音楽<rt>おんがく</rt></ruby>を 聞き＿＿＿<ruby>車<rt>くるま</rt></ruby>を <ruby>運転<rt>うんてん</rt></ruby>するのは <ruby>危<rt>あぶ</rt></ruby>ないですよ。
　　A)中　B)ながら　C)たりして　D)て

10.<ruby>明日<rt>あす</rt></ruby>は 暑くなる＿＿＿＿＿＿。
　　A)と いう いみです　　　B)と いうのだ
　　C)と いう ことだ　　　　D)のようです

11.自分の こと＿＿＿＿考えないで、人の ことも 考えて
　ください。
　　A)しか　B)くらい　C)ほど　D)ばかり

12.四月に なって、 だんだん <ruby>暖<rt>あたた</rt></ruby>かく＿＿＿＿＿。
　　A)しました　　　B)なって きました
　　C)して います　D)きました

13.<ruby>桜<rt>さくら</rt></ruby>の 花が <ruby>咲<rt>さ</rt></ruby>いたら <ruby>花見<rt>はなみ</rt></ruby>に＿＿＿＿＿。
　　A)行かない　　　B)行きません
　　C)行きませんか　D)行った

答 7.B　8.D　9.B　10.C　11.D　12.B　13.C

14.テストの 時は 隣(となり)の 人のを＿＿＿＿書いて ください。
　　A)見なくて　　B)見ないで　　C)見ません　　D)見ない

15.昨日から ずっと おなかが 痛いんですか。それじゃ、
　今日は 何も＿＿＿＿ほうが いいですね。
　　A）食べて いない　　B）食べなかった
　　C）食べない　　　　　D）食べないの

16.先生の＿＿＿＿、日本語が 上手に なりました。
　　A）ようで　　　　B）おかげで
　　C）ためで　　　　D）ままで

17.この 漢字(かんじ)の 意味(いみ)は わかる のですが、読み＿＿＿＿は
　わかりません。
　　A)よう　　B)ほう　　C)かた　　D)ほうほう

18.学生＿＿＿＿、たくさん 本を 読んで おきなさい。
　　A)うち　　B)の うち　　C)うちで　　D)の うちに

19.駅(えき)の 前に ハンバーガーの 新しい 店が＿＿＿＿。
　　A)建(た)てた　　B)作った　　C)生まれた　　D)できた

20.この 酒(さけ)は おいしいですが、強いんですよ。＿＿＿＿飲み
　すぎないように。
　　A)だから　　B)たとえば　　C)どうも　　D)かならず

答 14.B　15.C　16.B　17.C　18.D　19.D　20.A

172

21.先生は やさしい＿＿＿＿、授業中は とても きびしい
です。
  A)けれども B)しかし C)でも D)だが

22.お金も ない＿＿＿＿、時間も ないから、遊びに 行か
ない つもりです。
  A)と B)し C)くて D)そして

23.「暖房が 故障なんです。」
「ああ、＿＿＿＿こんなに 寒いんですね。」
  A)たとえば B)それから C)どうも D)だから

24.＿＿＿＿ために、新幹線が 止まりました。
  A)地震 B)地震で C)地震の D)地震が

25.＿＿＿＿＿、大学に 入る ことが できました。
  A）おかげだから B）おかげさまで
  C）おかげの ために D）おかげに よって

26.電気を＿＿＿＿＿＿寝てしまいました。
  A）つけながら B）つけっぱなし
  C）つけた まま D）つけて いて

27.一日＿＿＿＿歩いたので、足が 痛い。
  A)ちゅう B)じゅう C)間 D)の 間

答 21.A 22.B 23.D 24.C 25.B 26.C 27.B

28.「このあいだは＿＿＿＿＿。」
　　「こちらこそ＿＿＿＿＿。」（同じものを入れる）
　　　　A）お元気ですか　　B）どうも
　　　　C）失礼します　　　D）お疲れさまです

29.来週 一緒に 食事を＿＿＿＿＿。
　　　　A）しません　　　B）しました
　　　　C）しませんか　　D）しないです

30.「お宅の 息子さん 公園で 野球を して いましたよ。」
　　「うそでしょう。学校へ 行って いる＿＿＿＿です。」
　　　　A)つもり　B)はず　C)予定　D)場合

31.彼は 酒＿＿＿＿飲んでいたので、病気に なって しまい
　　ました。
　　　　A)だけ　B)ばかり　C)しか　D)ぐらい

32.中村さんは 昨日も 今日も 欠席です。どうしたの
　　でしょう。＿＿＿＿かも しれませんね。
　　　　A)病気　B)病気の　C)病気な　D)病気だ

33.勉強を 先に しなさい。勉強＿＿＿＿、遊びなさい。
　　　　A）あとで　　　　B）の あとで
　　　　C）あとから　　　D）の あとから

答 28.B　29.C　30.B　31.B　32.A．33.B

174

34.スープは あたたかい_____飲んで ください。 冷たく
　　なると、まずいですよ。
　　　　A)うちで　　B)うちに　　C)の うちに　　D)の なかに

35.危険な 物、_____、ナイフや ピストルなどを 持って
　　飛行機に 乗る ことは できません。
　　　　A)たとえば　　B)だから　　C)どうも　　D)そして

36.バスが 急に 動き_____ので、おばあさんが 倒れて
　　しまった。
　　　　A)ました　　B)だした　　C)おりた　　D)あがった

37.私は 大きな 失敗を して しまった。社長に_____
　　とき、何と 言って あやまろうか。
　　　　A)会う　　B)会った　　C)会って　　D)会い

38.「もっと_____。」と 言われても、おなかが
　　いっぱいなので、もう 食べられません。
　　　　A)食べる　　B)食べます　　C)食べろ　　D)食べた

39.あの 店は あまり_____、品物が いいから、お客さ
　　んが たくさん 来ます。
　　　　A)高くて　　B)高くなくて　　C)高くないで　　D)高そうで

答　34.B　35.A　36.B　37.B　38.C　39.B

【問題 C】

1. 空が だんだん 暗く なって きた。明日は＿＿＿＿
  かも しれない。
  　　A)雨の　B)雨　C)雨だ　D)雨だろう

2. 母が 出かけ＿＿＿＿、恋人に 電話を かけよう。
  　　A)た うちに　　　　B)て いるうちに
  　　C)る うちに　　　　D)るの うちに

3. あしたの ピクニックの こと です＿＿＿＿、もし 雨が
  降ったら 中止します。
  　　A)ので　B)しかし　C)けれども　D)に

4. この ワープロの＿＿＿＿方が よく わからないのですが。
  　　A)使う　B)使い　C)使って　D)使うの

5. 先生が おもしろい ことを 言ったので、学生たちは
  「ワッ」と 笑い ＿＿＿＿。
  　　A)すぎた　B)だした　C)ました　D)あがった

6. 息子は 一生懸命 勉強して やっと 大学生
  ＿＿＿＿＿＿＿＿。
  　　A)に しました　　　B)らしいです
  　　C)に なりました　　D)の ことに なりました

7. 食事の 支度が＿＿＿＿ました。一緒に 食べましょう。
  　　A)でき　B)し　C)作り　D)やり

答 1.B　2.B　3.C　4.B　5.B　6.C　7.A

8.「長野＿＿＿＿ところを　知って　いますか。」
　「いいえ、　知りません。　どの　へんですか。」
　　　A)と　きく　　B)と　いう　　C)と　きいた　　D)と　いった

9.花子さんは　海外旅行に　行ったので、今日は　学校に
　来ない＿＿＿＿です。
　　　A)つもり　　B)はず　　C)こと　　D)から

10.さ来週の　土曜日、私の　家へ＿＿＿＿＿＿＿＿。
　　　A)来ません　　　　　　B)来ます
　　　C)来ませんか　　　　　D)来ましょう

11.日本では　帽子を＿＿＿＿＿＿まま、あいさつを　しても
　かまいませんか。
　　　A)かぶる　　B)かぶって　いる　　C)かぶって　　D)かぶった

12.富士山の＿＿＿＿＿＿は　３７７６メートルです。
　　　A)高い　　B)高く　　C)高さ　　D)高

13.この　かばんは＿＿＿＿＿＿＿し、使い　やすいから、
　ずっと　使って　います。
　　　A)丈夫　　B)丈夫な　　C)丈夫い　　D)丈夫だ

14.＿＿＿＿＿＿、買わなければ　よかったと　思いました。
　　　A)買って　あとで　　　　B)買った　あとで
　　　C)買う　あとで　　　　　D)買って　あと

答 8.B　9.B　10.C　11.D　12.C　13.D　14.B

177

15.みんなが がんばって くれた＿＿＿＿、仕事が 思った
より 早く 終わりました。
　　　A)だから　B)おかげで　C)けれども　D)せいで

16.看護婦さんは 仕事＿＿＿は、白い 帽子を かぶって、
白い 服を 着て います。
　　　A)間　B)中　C)とき　D)うち

17.私は 毎日 一生懸命に 働いて います。それは 家族
＿＿＿＿です。
　　　A)に　B)に ため　C)ために　D)の ため

18.たぶん 風邪でしょう。悪い 病気ではない＿＿＿と
思います。
　　　A)でしょう　B)だろう　C)つもり　D)かもしれない

19.財布を なくして しまって、娘は 朝から＿＿＿＿です。
　　　A)泣きます　　　B)泣きながら
　　　C)泣きっぱなし　D)泣いて

20.父は いつも 「勉強＿＿＿、勉強＿＿＿＿。」と 言う
ので、困って います。
　　　A)して、して　　B)しろ、しろ
　　　C)する、しろ　　D)して、しろ

答 15.B　16.B　17.D　18.B　19.C　20.B

178

21.イギリスへ＿＿＿とき、成田空港で おみやげを 買い
ました。
   A)行く　B)行って　C)行き　D)行った

22.私は アルコールに 強くないので、ビール＿＿＿飲み
ません。
   A)しか　B)だけ　C)ばかり　D)とか

23.あの 人は 何を 考えて いるのでしょうか。＿＿＿よく
わかりません。
   A)とても　B)たとえ　C)どうも　D)すこし

24.わからない 言葉は 辞書を 引く＿＿＿、先生に きく
＿＿＿してください。
   A)とか、とか　　　B)ことと、ことを
   C)と、と　　　　　D)たり、たり

25.銀行で お金を 出す ときは カード＿＿＿はんが 必要
です。
   A)と　B)または　C)に　D)また

26.ドアを 開け＿＿＿出かけたので、泥棒に 指輪を
とられて しまった。
   A)たり して　B)た ほうが　C)る まま　D)た まま

答 21.A　22.A　23.C　24.A　25.B　26.D

27.私の 会社は 来年 香港に 支店を 作る_____です。
　　A)予定　B)つもり　C)ため　D)場合

28.家の 近_____に 大きい スーパーが あります。
　　A)さ　B)み　C)く　D)い

29.池田君は いそがしそうだ_____、青山君は 暇そうだ。
　　A)し　B)けれども　C)のに　D)と

30.道が わからなく なって、同じ 所を_____
　して しまった。
　　A)行って、来て　　　B)行く、来る
　　C)行ったり、来たり　D)行った、来た

31.この デパートは 品物も 多い_____、値段も 安いか
　ら、私は よく ここで 買い物を します。
　　A)から　B)そして　C)し　D)と

32.サッカーの_____、ころんで けがを して しまい
　ました。
　　A)練習中に　B)練習とき　C)練習に　D)練習の 場合

33.あの 人は_____すぎて、ちょっと うるさい ときも
　ある。
　　A)親切で　B)親切な　C)親切に　D)親切

答 27.A　28.C　29.B　30.C　31.C　32.A　33.D

34.「うそを＿＿＿、本当の ことを＿＿＿」と、警察官は
　　その男に 言った。
　　　　A)言わない、言います　　B)言うな、言え
　　　　C)言いません、言え　　　D)言うな、言う

35.＿＿＿変なんです。コンピューターが 動かないんです。
　　　　A)何が　B)何で　C)どうして　D)どうも

36.学校の 父母会には 母親＿＿＿父親が 出席します。
　　　　A)そして　B)いっしょに　C)または　D)から

37.息子は ＣＤを＿＿＿勉強をして います。
　　　　A）かけたり　　　　B）かけっぱなしで
　　　　C）かけやすくて　　D）かける とき

答 34.B　35.D　36.C　37.B

181

【問題D】

1.子供が_____、仕事を 続ける つもりです。
   A)できるまでに　B)生まれるまでに
   C)できるまで　　D)生まれた とき

2.私は 頭が よくない_____、勉強が きらいだったから、
大学には 行きませんでした。
   A)し　B)で　C)と　D)それで

3.結婚_____も 仕事を 続ける 女性が 多くなって
きた。
   A)した あと　　　B)したから
   C)する あとで　D)した まま

4.すっかり 暖かく なりました_____、みなさま お元気
ですか。
   A)しかし　B)けれども　C)のに　D)でも

5._____すぎると、おなかが 痛く なりますよ。
   A)食べる　B)食べて　C)食べた　D)食べ

6.弟は たぶん 大学に 入れる_____。
   A)予定だ　B)だろう　C)できる　D)ほうがいい

7.これは あなたの_____作った ケーキです。食べて
ください。
   A)ために　B)ことで　C)つもりで　D)おかげ

答 1.C　2.A　3.A　4.B　5.D　6.B　7.A

8.今朝 授業に 遅れて、「もっと 早く＿＿＿＿＿。」と 先生
に おこられた。
　　　A)くる　B)きて　C)こい　D)きたい

9.私たちは ＣＤを ＿＿＿＿＿＿、一晩中 おどり続けた。
　　　A）聞いたり　　　　B）聞きながら
　　　C）聞いても　　　　D）聞いた まま

10.日本語を 勉強してから、日本の 会社で＿＿＿＿＿つもり
です。
　　　A)働き　B)働こう　C)働いて　D)働く

11.雨＿＿＿＿＿雪の 場合は 試合を いたしません。
　　　A)の とき　B)に　C)または　D)で

12.鉛筆の ほうが ペンより＿＿＿＿＿＿＿＿。
　　　A)書きやすい　B)書いた　C)書かれる　D)書く

13.あなたが いらっしゃるのを 楽し＿＿＿＿＿に して います。
　　　A)さ　B)み　C)く　D)い

14.この 電車は 急行です。一駅＿＿＿＿＿止まります。
　　　A)ごとに　B)おきに　C)ずつ　D)しか

15.この 漢字の＿＿＿＿＿方を 教えて ください。
　　　A)書く　B)書き　C)書いて　D)書くの

答 8.C　9.B　10.D　11.C　12.A　13.B　14.B　15.B

16. 朝から 晩まで＿＿＿＿＿、少しも 休憩できなかった。
　　　A)働きっぱなしで　B)働いて ばかり
　　　C)働いたり して　D)働く ままで

17. 食べ物の ことです＿＿＿＿、食べ物の 中で 何が
　　いちばん 好きですか。
　　　A)しかし　B)から　C)それから　D)けれども

18. 今は 時間が ないから、＿＿＿＿＿説明します。
　　　A)あとに　B)あと　C)あとで　D)あとまで

19. この アパートは 一人で 住むには＿＿＿＿＿すぎる。
　　　A)広　B)広い　C)広くて　D)広いの

20. 日本の 会社で 働く＿＿＿＿＿、日本に 来ました。
　　　A)のに　B)ために　C)ようで　D)だから

21. 9月に なって、少し＿＿＿＿涼しく なって きた。
　　　A)くらい　B)ずつ　C)ほど　D)しか

22. 学校に＿＿＿＿＿、家で ブラブラして いる 子が 多く
　　なって いるそうだ。
　　　A)行って　B)行かなくて　C)行かないで　D)行かない

23. 昨日 寝て いる＿＿＿＿＿、友だちに 来られた。
　　　A)とき　B)場合　C)ときは　D)場合は

答 16.A　17.D　18.C　19.A　20.B　21.B　22.C　23.A

24.山へ 行くなら、_____くつを はいて 行く ほうが
　　いいですよ。
　　　　A)歩いた　　　　B)歩きやすい
　　　　C)歩きやすく　　D)歩きながら

25.もう 十時です。今日は 疲れたから、もう 仕事を
　　やめて_____。
　　　　A)帰ると 思います　　B)帰ったり します
　　　　C)帰りませんか　　　　D)帰る はずです

26.「あっ、_____すみません。あなたの ケーキを 食べて
　　しまいました。」
　　　　A)どうも　B)どうしても　C)どちらも　D)とても

27.「日本では ビールを_____、『カンパイ』と
　　言います。ユンさん、あなたの 国では なんと言うの。」
　　　　A)飲むと　　　　B)飲んだら
　　　　C)飲んだ とき　D)飲む とき

28.入学の ための 書類が_____場合は、事務所で
　　もらって ください。
　　　　A)必要　B)必要な　C)必要の　D)必要だ

29.休みの 日は たいてい 買い物に 行ったり、友だちと
　　_____。
　　　　A)会ったり します　　　　B)会ったり です
　　　　C)会って いたり します　　D)会って いたり です

答　24.B　25.C　26.A　27.D　28.B　29.A

185

30.子供が 寝て いる うちに、＿＿＿＿＿＿＿。
　　　A)子供を 起こさない
　　　B)洗濯を して おこう
　　　C)起きない ほうが いい
　　　D)友達が 来たので 子供が 起きた

31.私は 漢字を 100＿＿＿＿＿＿＿＿＿。
　　　A)ばかりしか 知っている
　　　B)ばかりだけ 知っている
　　　C)ぐらいしか 知らない
　　　D)ぐらいだけ 知っている

32.テレビを＿＿＿＿＿＿＿＿勉強しなさい。
　　　A)見る ばかりで
　　　B)見る ばかり しないで
　　　C)見て ばかり いないで
　　　D)見て いる ばかり しないで

33.あんなに 勉強したのに、＿＿＿＿＿＿。
　　　A)試験が よく できました
　　　B)試験が よく できた はずです
　　　C)試験は よく できませんでした
　　　D)試験で がんばらなければ なりません

答 30.B　31.C　32.C　33.C

34.「ここに ある 本や 辞書を もう 片^{かた}づけて しまい
　　ましょうか。」

「いいえ、＿＿＿＿＿＿＿ で いいですよ。」
　　A)ある まま　　B)あった まま
　　C)その まま　　D)あの まま

35.言葉の 意味が＿＿＿＿＿＿＿＿＿、辞書を 引いても
　　かまいません。
　　　　A)わからないで
　　　　B)わからない 場合
　　　　C)わからなかった まま
　　　　D)わからない つもりで

36.昨日は＿＿＿＿＿＿＿＿＿、出かけなかった。
　　　　A)寒くて、雨だった
　　　　B)雨だったから、寒かったから
　　　　C)寒くて、雨で
　　　　D)雨だったし、寒かったから

37.この クラスには 女の 学生が 一人しか いません。

＿＿＿＿＿＿＿＿＿＿＿＿＿。
　　　　A)バーバラさん だけ いません
　　　　B)男の 学生ばかり います
　　　　C)バーバラさん だけです
　　　　D)男の 学生しか いません

答 34.C　35.B　36.D　37.C

38.パーティーでは_____、とても
楽しかった。
  A)食べたりして、飲んだりして
  B)飲んだり、食べたりして
  C)飲んだり、食べて
  D)食べたり、飲んで

39._____花に 水を やって ください。たとえば、
日曜日に 水を やったら、次は 水曜日に やって くだ
さい。
  A)二日に 一度   B)二日 おきに
  C)二日の うちに   D)二日 あとで

答 38.B　39.B

第３部

まちがえやすい言葉

1 こ　と

A. こと

＜文→名詞＞文が名詞になる。

1. 私は 病気に なる ことが いちばん こわい。
2. お金が ない ことを 忘れて タクシーに 乗って
   しまった。
3. おいしい 物を 食べる ことは、楽しい ことです。

B. ことが できる

1. 看護婦は 注射を する ことが できる。
2. 図書館で ものを 食べる ことは できません。

C. ことに する

（話して いる 人が）自分で 決める

1. 甘い 物を 食べない ことに しました。
2. 体の ために、毎日 早く 寝る ことに しよう。

D. ことに なった

他の 人が 決めた

1. 来月 転勤する ことに なりました。
2. 展覧会は 講堂で 行われる ことに なりました。
3. 来月から 電話料金が 上がる ことに なった。

E.（た）ことが ある

《動詞た形＋ことが ある》

前に もう 経験した

1.私は 事故を 起こした ことが あります。

2.財布を なくした ことは まだ ありません。

⚠️「（た）ことが ある」の 文の 中では、近い 過去を

表す 言葉は 使わない。

×昨日の 午後 財布を なくした ことが ある。

○昨日の 午後 財布を なくした。

○前に 一度 財布を なくした ことが ある。

F.（る）ことが ある

《動詞辞書形・ない形＋ことが ある》

ときどき／たまに

1.たいてい いつも 自転車で 通勤しますが、たまに

歩く ことが あります。

2.できるだけ 朝御飯を 食べるように していますが、

食べないで 出かける ことも あります。

3.だいたい 家に います。出かける ことは ほとんど

ありません。

G. と いう ことです／との ことです

［そうです］聞いた ことを 話す

1.パクさんは 来月 帰国すると いう ことです。

＜「との ことです」は 事務的な 連絡などで 言う＞

2.本田さんは 今日 会社を 休む との ことです。

練習問題

1.私は 日本語で あいさつ する_____。
    A)のが できます
    B)のを します
    C)ことです
    D)ことが できます

 2.私は オートバイに 乗れます。しかし、規則で、
   学校へ オートバイで 行く_____。
    A)ことが できます　B)ことは できません
    C)ことが あります　D)ことに なります

 3.小学生は たいてい 運動場で 遊びますが、
   ときどき 屋上で_____。
  A)遊んだ ことが あります B)遊びません
  C)遊ぶ ことが あります D)遊ばないで ください

4.「ホアンさん、サッカーを やった_____。」
  「いいえ、まだ_____。」
  A)ことが ありますか、やる ことが あります
  B)ことに しますか、やった ことが あります
  C)ことが ありますか、やった ことは ありません
  D)ことが できますか、やる ことは ありません

答 1.D　2.B　3.C　4.C

5.来年から、銀行に 勤める_____。

    A)ことが あります　　B)ことです

    C)ことが あります　　D)ことに なりました

6.急に お腹が 痛くなった。病院に 行ったら、すぐ

  入院する_____。

    A)ことが ある　　　B)ことが できた

    C)ことに なった　　D)ことです

7.部長から 電話が ありました。今日は 午後から

  会社に 出る_____。

    A)とのことです　　B)と 言った ことです

    C)と 言います　　　D)と 言って いる ことです

8.雨の 季節 「つゆ」でも 雨が_____。

    A)降る ことが ある

    B)降った ことが ある

    C)降らない ことに する

    D)降らない ことが ある

9.父が 病気に なったので、国へ 帰る_____。

    A)ことが できる　　B)ことに した

    C)ことが ある　　　D)ことだ

答 5.D　6.C　7.A　8.D　9.B

193

2 する

A. ～が する

声／音／におい／味／感じ／気　が する

1. ガソリンスタンドは ガソリンの においが します。
2. この 肉は 変な 味が する。食べない ほうが いい。
3. まだ 2月なのに 暖かくて、春に なったような
　感じが します。

B. ～を する

ネクタイ／マフラー／スカーフ／指輪
色／形／顔　を する

1. 彼は いつも きれいな ネクタイを して います。
2. あの 新しい ビルは おもしろい 形を して います。
3. つかれた 顔を して いますね。忙しいんですか。

C. ～に する

1. 「何を 召し上がりますか。」
　　「そうですね。…… 紅茶に します。」
2. 「子供が 生まれたら、どんな 名前に しようか。」
　　「そうねえ。女の 子なら、美子に したら どう。」
3. 男の 子が 生まれたら、ラグビーの 選手に しよう。

練習問題

1. 彼は きれいな 目を＿＿＿＿。
   A)する　B)して いる　C)もって いる

2. あの 建物は おもしろい＿＿＿＿＿＿。
   A)形が ある　B)形を して いる　C)形を 持つ

3. 今日は どの マフラーを＿＿＿＿か。
   A)かぶろう　B)しめよう　C)しよう

4. あの 人は ちょっと 冷たい 感じが＿＿＿＿が、
   ほんとうは 親切な 人です。
   A)もって います　B)受けます　C)します

5. この 赤い 色を＿＿＿＿花は 何ですか。とても
   いい においが＿＿＿＿ね。
   A)した、します　　　B)ある、でます
   C)している、できます　D)する、あります

6. 「晩御飯は 何が＿①＿か。」
   「そうですね。てんぷらに＿②＿か。」
   A)食べます　B)しましょう
   C)いいです　D)するでしょう

答 1.B　2.B　3.C　4.C　5.A　6.①C、②B

3 それ

A. それから
a. その後
1. 今日は 本屋に 寄って、それから 大学へ 行きます。
b. 《Aと Bと、それから C》
そして
2. カレーライスと サラダと…、あ、それから 紅茶も
お願い します。

B. それに
《A それに B》
そのうえ
1. 風が ひどいし、それに、雨も 降って きました。
2. 昨日は ごちそうに なって、それに おみやげ も
いただいて、ありがとう ございました。

⚠️「それから」 ≠「それに」
○朝 病院へ 寄って、それから、大学へ 行った。
×朝 病院へ 寄って、それに、大学へ 行った。

「それから」 =「それに」
○昨日の パーティーには、リンさんと マリアさん、
それから、田中さんも 来た。
○昨日の パーティーには、リンさんと マリアさん、
それに、田中さんも 来た。

C. それじゃ(それでは)
その 場合は

1. A「これは あなたの 本 ですか。」
   B「いいえ、ちがいます。」
   A「それじゃ、だれの でしょうか。」

D. それとも
《A それとも B》
A か B ／ A または B

・質問の 文や、よく わからない 場合に 使う
1. 紅茶に しますか。それとも、コーヒー ですか。
2. 大学へ 行こうか、それとも、会社に 勤めようか、
   どうしようか。

E. それで
だから、その 理由で

1. 「ゆうべ 隣の 家に 泥棒が 入ったそうです。」
   「ああ、それで 今朝 警官が 来たんですね。」
2. あの 雑誌には まんがが 多い。それで、若い 人が
   よく あの 雑誌を 買う。

F. それでも
そうだけれども、しかし

1. 私の 仕事は とても きびしい。それでも、生活の
   ために 働かなければ ならない。
2. 外国の 車は 左ハンドルだから、日本では 運転し
   にくい。それでも、外国の 車は よく 売れるそうだ。

G. それなのに

そうだけれども

・不平、不満の 気持も ある

1. 7時に 来ると 約束しました。それなのに 8時に
   なっても まだ 来ません。どう したのでしょうか。
2. 彼は 「もう 絶対 けんかを しないよ。」と 言った。
   それなのに また けんかを した。

練習問題

1.「エレベーターが 故障です。」
　「＿＿＿＿、階段を のぼりましょう。」
　A)それから　B)それじゃ　C)それとも　D)それで

2.「金曜日に 会いましょうか。＿＿＿＿土曜日に
　しましょうか。」
　A)それじゃ　B)それでも　C)それとも　D)それに

3.電気を つけた。＿＿＿＿部屋は まだ 暗い。
　A)それに　B)それとも　C)それでも　D)それじゃ

4.「この 道を まっすぐ 行って、あの角を
　曲がって ください。」
　「右に 曲がるのですか。＿＿＿＿左に 曲がるの
　ですか。」
　A)それで　B)それから　C)それに　D)それとも

5.「彼は 先週 犬に 死なれたんです。」
　「＿＿＿＿あんなに 悲しそうなんですね。」
　A)それで　B)それとも　C)それじゃ　D)それに

答 1.B　2.C　3.C　4.D　5.A

199

6. 風が 強い。_____雨も 降って きた。

A)それで B)それに C)それじゃ D)それとも

7.「ゆうべは よく 眠れなかったのです。」
「_____、今朝は 朝寝坊したのですね。」

A)それじゃ B)それとも C)それに D)それで

8. 2年間 日本語を 勉強しました。_____まだ
漫画は 読めません。

A)それじゃ B)それでも C)それに D)それから

9. 病院で 注射を して もらった。_____病気は
ちっとも よく ならない。

A)それから B)それじゃ C)それなのに D)それとも

10. 米を たくさん 輸入した。_____米の 値段は
全く 下がらない。

A)それでも B)それに C)それで D)それに

11. とても 疲れた。_____お腹も すいた。

A)それで B)それに C)それじゃ D)それでも

答 6.B 7.D 8.B 9.C 10.A 11.B

200

4 と こ ろ

A. する ところ

今から すぐ する（まだ して いない）

1. 船は 港に 入る ところです。

  （港に 入る 前）

2. 学生「先生、この 文の 意味が わかりません。」

   先生「これから 説明する ところです。ちょっと

   　　待って ください。」（説明する 前）

B. して いる ところ

今 ちょうど して いる（終わって いない）

1. A「Bさん、電話ですよ。」

   B「今、髪を 洗って いる ところだから、あとで

   　　電話すると 言って ください。」

2. 泣いて いる ところを 人に 見られるのは 恥ずか

   しくて いやだ。

C. た ところ

今 終わった ばかり（ちょっと 前に 終わった）

1. 病気が 治った ところなので、まだ 出かける

   ことが できません。

2.「ケーキを 召し上がりますか。」

  「今、サンドイッチを 食べた ところですので…。」

D. ところが

考えて いた ことと ちがって

1.「新幹線に 乗ろうと 思って 東京駅に

　行ったんです。ところが、台風で 新幹線は

　止まって いました。」

　「それは たいへん でしたね。」

2.息子に 教科書代を 渡した。ところが、息子は

　その 金を ディスコで 使って しまった。

E. ところで

前と ちがう 話を する とき(話題を 変える とき)

に言う

1.もうすぐ、桜が 咲きますね。…… ところで、

　日本語の 勉強は どうですか。

2.最近 忙しくて 遊ぶ 時間が ないんですよ。

　……ところで、この あいだ お願いした 仕事は

　いかがでしょうか。

202

練習問題

1. 今 食事の 支度を＿＿＿＿＿ところです。あと
   10分で 食べられますよ。
   　　A)した　B)して いる　C)して います

2. 家内ですか。家内は ちょうど 家に＿＿＿＿ところ
   です。ちょっと、待って ください。呼んで きます
   から。
   　　A)帰って くる　B)帰って きて　C)帰って きた

3. 「国へ 帰ってから、何を するんですか。」
   「まだ 決めて いません。＿＿＿＿ところです。」
   　　A)考える　B)考えて いる　C)考えた

4. 電車の ドアが＿＿＿＿ところだったので、急いで
   飛び乗って、やっと 間に 合った。危なかった。
   　　A)閉まった　B)閉まって　C)閉まる

5. 「節子さん、仕事 終わった。」
   「もうすぐ＿＿＿＿ところよ。」
   「じゃ、終わったら、飲みに 行こうか。」
   　　A)終わる　B)終わって いる　C)終わった

答　1.B　2.C　3.B　4.C　5.A

6.今 ちょうど 出かける_____です。帰って きたら、
すぐ 電話を します。じゃ、あとで。
   A)ところ　B)ところが　C)ところで

7.最近 郊外に 家を 建てて、引っ越しを しました。
　_____、この間 お貸しした お金は いつ 返して
くださいますか。
   A)ところ　B)ところが　C)ところで

8.朝は いい 天気だったから、洗濯を した。_____、
午後から 急に 雨が 降って きた。
   A)ところ　B)ところが　C)ところで

9.主人は 仕事を 休んで、家で ゴロゴロして います。
　_____、お宅の みなさんは お元気ですか。
   A)ところ　B)ところが　C)ところで

10.「もう 準備できた。」
　「_____。今 やって いる ところだから。」
   A)もう 少し待って
   B)もう できたよ
   C)さあ、始めようか

答　6.A　7.C　8.B　9.C　10.A

204

5 の

A. ～の～
《名詞＋の＋名詞》

1. 私の 本、 会社の 机 (持ち物)
2. 駅前の 道、 夏休みの 宿題 (場所・時)
3. 料理の 本 (内容)
4. 社長の 山本、自動車会社の トヨタ (同じ もの)
5. 絹の スカーフ (種類)
6. M君の 写した 写真

   (の＝が 名詞を 説明する 文の 中で)

B. ～の
《名詞・形容詞＋の》

1. この 本は あなたの ですか。(＝あなたの 本)
2. 高いのは 買えないから、安いのを 買いました。
3. こわれやすいのは だめです。丈夫なのが いいです。

C. ～のに
《動詞辞書形＋のに (いい・便利だ・使う)》

1. この ナイフは チーズを 切るのに いいです。
2. 家から 学校へ 行くのに バスが 便利です。
3. この 万年筆は 履歴書を 書くのに 使います。

D. ～の
《動詞現在形＋の＋助詞》

a．～のが（見える・聞こえる）
　1．子供が 笑って いるのが 見えます。
　2．隣の 部屋で だれかが 話して いるのが 聞こえる。

　　　だれ だろう。

b．～のが／のは（～だ／～い）
　3．父は 美術館へ 行くのが 好きです。
　4．考えるのが きらいですから、数学が できません。
　5．入院するのは いやだ。絶対に 入院したくない。
　6．酒を 飲みながら 好きな 音楽を 聞くのは 楽しい。
　7．君に 会えなく なるのは たいへん 残念な ことだ。

c．～のを
　8．雨だったら、行くのを やめよう。
　9．家が ゆれるのを 感じた。「地震だ」と 思った。

206

練習問題

1. ワインの_____を 一本 ください。
   A)甘く ない　B)甘く ない ワイン　C)甘く ないの

2. デパートの 品物は 高いが、スーパー_____は
   安い_____が 多い。
   A)の、のもの　B)の、もの　C)もの、の

3. この ワープロは 日本語を 勉強する_____使って
   います。
   A)の　B)のに　C)に

4. 私は スポーツを_____好きです。
   A)見る　B)見るのを　C)見るのが

5. 子供たちが_____見えます。
   A)遊んで いる　B)遊んで いるが　C)遊んで いるのが

6. 危険なので オートバイに_____やめました。
   A)乗るを　B)乗るのを　C)乗るの

7. 仕事ばかり_____いやだ。楽しい ことも
   いろいろ したい。
   A)して いるの　B)して いるのは　C)して いるのを

答1.C　2.B　3.B　4.C　5.C　6.B　7.B

6 名詞の 前に くる 言葉

> 1.山田さんは あの 人 です。
> 2.山田さんは 背が 高いです。
> 3.山田さんは かばんを 持って います。
> 4.かばんは 大きいです。

↓

山田さんは、<u>あの 背が 高くて 大きい かばんを 持って いる 人</u>です。

A. 《この・その・あの・どの(＋名詞)》
1.この 本は おもしろい。
2.どの 本を 買いますか。

B. 《名詞＋の(＋名詞)》
1.日本の 桜は 有名です。
2.桜の 写真を とりましょう。

C. 《形容詞(＋名詞)》
1.暖かい 春が もうすぐ 来ます。
2.静かな 所へ 行って ゆっくり 休みたい。

D. 《動詞(＋名詞)》
1.昨日 買った パンは おいしくなかった。
2.わからない ことは 質問して ください。

練習問題

1. ここは 戦争で_____人の お墓です。
   A)死ぬ　B)死んで　C)死んだ

2. テレビは 好きですが、_____番組は 見ません。
   A)おもしろく なくて
   B)おもしろく ないの
   C)おもしろく ない

3. 予約_____人しか 入れません。
   A)して　B)した　C)したの

4. 展覧会を_____人は、入口で 切符を 買って
   ください。
   A)見る　B)見た　C)見るの

5. ちょっと うるさいですよ。勉強_____人の
   じゃまを しないで ください。
   A)するの　B)して いる　C)します

6. _____人に 給料は 払えません。
   A)働かないの　B)働きません　C)働かない

答 1.C　2.C　3.B　4.A　5.B　6.C

第4部

読み物

読み物 1

成人の日

　1月15日は「成人の日」です。「成人の日」には、その年 二十歳に なった 人たちを お祝いします。大人に なった 若者は 近くの 市民会館で 行われる「成人式」に 出席します。男性は 背広を 着ます。女性は「ふり袖」と 呼ばれる 美しい 着物を 着ます。式の あとで 友だちが 集まって、話したり、歌ったりします。この 日は ふり袖を 着た 若い 女性たちで、<u>町は 花が 咲いたように</u> なります。

問1.「成人式」は 何の ための 式ですか。
　A)はじめて 着物を 着る ための 式
　B)はじめて 背広を 着る ための 式
　C)大人に なった ことを お祝いする ための 式
　D)若者が 話したり、歌ったりして 楽しむ
　　ための 式

問2.下線の文「町は ……」は どんな 意味ですか。
　A)ふり袖を 着た 美しい 女性で 町が きれいだ。
　B)みんなが お祝いに 花を 買うので きれいだ。
　C)町に 花が たくさん あるので、きれいだ。
　D)若い 男女が いる から、にぎやかだ。

答 1.C　2.A

212

読み物 2

はい・いいえ

　「日本語は　難しい。ひらがな、カタカナ、漢字。カタカナの　外来語は　覚えにくいし、敬語は　何年　勉強しても、使えない。日本語は　難しすぎるから、勉強したくない。」と　言う　外国人は　大勢　います。でも、ちょっと　待って　ください。日本語は　言葉の　数は　多いのですが、他の　国の　言葉と　比べると、文法は　あまり　難しくありません。難しいのは　文法ではなくて、日本人の　考え方です。日本人の　考え方が　他の　国の　人達と　ちょっと　ちがう　ことが　多いので、言葉の　使い方も　難しそうだと　思うのです。たとえば、学校で先生に「昨日　学校へ　来ませんでしたね」と　聞かれたとき、昨日　学校へ　来なかった　あなたは　何と　答えますか。「はい、来ませんでした」ですか。それとも、「いいえ、来ませんでした」ですか。正しい　答は　「はい、来ませんでした」です。あなたが「先生、私の　答は　正しくないのですか」と　質問した　とき、先生が「はい」と　言ったら、安心しては　いけません。

問1.どうして 日本語が 難しいと 言っていますか。

A)言葉が 多いし、文法も 難しいから

B)日本人の 考え方が 変だから

C)日本語の「はい」が、英語の「はい」と 同じ
ではないから

D)考え方が ちがって、言い方も 難しそうだから

問2.下線の「安心しては いけません。」は、どうして
ですか。

A)本当に 昨日 学校へ 来なかったから

B)先生が 心配する かも しれないから

C)答が 正しくないから

D)答が 正しいから

答 1.D 2.C

読み物 3

日本は 住みにくい？

　日本は 住みやすい 国ですか。あなたは どう 思いますか。外国人の 中には「日本は 絶対に 住みにくい 国だ。」と 言う 人が います。「空気が 汚いし、人が 多すぎる。アパートが 狭すぎるし、物の値段が 高すぎる。たとえば、食料品の 値段はアメリカの 倍だ。」と 彼らは 言います。しかし、ほんとうに 日本は 住みにくい 国でしょうか。

　夜 女性が 一人で 風呂やへ 行っても、スーパーへ 買い物に 行っても、危ない ことは ありません。日本は 外国と 比べて、安全な 国でしょう。交通も 便利です。10時 01分の 電車は ちょうど 10時01分に 来て、あなたを 乗せて くれます。ラッシュアワー には 大勢の 人が 川のように 歩いて いますが、だれも けんかを したり しません。町に 世界中の レストラン が ある おかげで、どんな 料理でも 食べる こと が できます。もちろん 日本には よくない 点も ありますが、いい ところも きっと ある はずです。日本は 住みにくい 国だと 決めて しまわないで、ぜひ ゆっくり 住んで、日本の いい ところを 知って ください。

＊ラッシュアワー＝朝と 夕方 電車が いちばん こむ 時間

問1.この 文は 日本が どんな国だと 言って いますか。

A)ほんとうに 住みにくい 国だ。

B)「たいへん 住みやすい」とは 言えないけれど、

いい ところも ある。

C)料理が いろいろ あって、安い。

D)いそがないで、ゆっくり 住む ことが できる。

問2.下線の 文 「10時01分の …… 」は どういう

意味ですか。

A)日本の 電車は 1分おきに 来ます。

B)日本の 電車は 安全で、便利です。

C)日本の 電車は 遅れません。

D)あなたも 電車に 乗せて もらいます。

答 1.B 2.C

読み物 4

CD B#54

車と学生

　私の 家の 近くに 大学が あります。大学の 前の 道には いつも 車が たくさん 止めて あります。狭い 道が もっと 狭く なって、昼間 この道を 通る 車も、歩く 人も 困って います。

　私は はじめ、止めて ある 車は 大学の 先生のだと 思って いました。しかし、それは まちがいでした。ほとんどの 車は 学生の もので、大学へ 車で 来る 学生が 多いのです。大学が 駅から 遠い 所に あるのなら、わかります。しかし、大学は 駅から 歩いて 2、3分の 所に あるのに、電車に 乗らないのです。大学の 中には 車を おく 場所が ありませんから、車で 大学へ 来ては いけないはずです。それでも 道は 車で いっぱいなのです。

　学生が 車を 持って いれば、ガソリンなどに お金が かかって 大変でしょう。「アルバイトを して いるから、だいじょうぶです。」と 彼らは 言うかも しれません。しかし、アルバイトの お金は 遊びの ために つかって、大学の 授業料は 親に 払って もらう、という 学生が 多い そうです。これは 私には どうも よく わからない ことです。

問1.次の 文の 中で 正しい ものは どれですか。

A) 大学の 前の 道は 一日中 車が たくさん 走って
   います。
B) 道に 止めて ある 車は 全部 学生の 車です。
C) 大学は 駅の 近くに あります。
D) 大学が 駅から 遠い 所に あるから、学生は 車で
   大学に 来ます。
E) 「私」は 学生が 車で 大学に 来る 理由が よく
   わかりません。
F) 車を 持って いる 学生は アルバイトを しなければ
   なりません。
G) 学生は 授業料と ガソリン代を アルバイトの
   お金で 払います。
H) 遊ぶ ために アルバイトを する 学生が 多いそうで
   す。

答 1.C, E, H

読み物　5

二人の会話（その１）

山口「川田さん、ちょっと 頼（たの）みたい ことが
　　　あるんだけれど。あとで 行っても いい。」
川田「いいよ。研究室（けんきゅうしつ）か、事務所（じむしょ）に いるよ。」
山口「5時すぎに なるけど。」
川田「5時すぎなら、もう 下宿（げしゅく）に 帰って いるから
　　　そっちへ 来いよ。」
山口「わかった。じゃ、あとで。」

（下宿で）
山口「いつも 頼（たの）んで ばかりで 悪いんだけど、
　　　この マニュアル、読んで くれないか。僕より
　　　君の 方が 英語が わかるから。」
川田「難（むずか）しそうだな。僕にも 無理（むり）かも しれない。
　　　英語が よく わかる 友だちを 紹介（しょうかい）して やるよ。」
山口「そうか。じゃ、頼む。」
川田「忘れない うちに、電話を しよう。」

（電話を する）
川田「いい そうだ。」
山口「ありがとう。おかげで 助（たす）かった。」
　＊マニュアル＝使い方の説明（せつめい）

219

問1.山口さんと 川田さんは どんな 関係^{かんけい}ですか。

A)家族　B)先輩^{せんぱい}と後輩^{こうはい}　C)友だち　D)先生と学生

問2.英語の マニュアルを 読んで 説明する人は だれ
ですか。

A)山口さん　B)山口さんの 友だち

C)川田さん　D)川田さんの 友だち

問3.川田さんは 電話で 何と 言ったと 考^{かんが}えられます
か。

A)英語の マニュアルを 読ませて くれませんか。

B)英語の マニュアルを 読んで くれませんか。

C)英語の マニュアルを 読みたいですか。

D)英語の マニュアルを 読みませんか。

問4.次^{つぎ}の 文の 中で 正しい ものは どれですか。

A)川田さんが 英語を 読んで くれたので、山口さん
は 助^{たす}かった。

B)山口さんは 川田さんの 友だちを 知って いる。

C)山口さんは 川田さんに よく いろいろな ことを
頼む。

D)山口さんの 友だちは 英語の マニュアルを
読んでくれた。

答 1.C　2.D　3.B　4.C

読み物 6

二人の会話（その2）

黒田「青い 顔を して いるね。どう したんだ。」

青山「ゆうべ 忘年会で 飲みすぎて しまったんです。」

黒田「12月に なると、忘年会が 続くからね。私も
　　この 2週間 飲んで ばかり いるよ。」

青山「今日こそ、早く 家に 帰ろうと 思うんですけ
　　ど、さそわれると……。」

黒田「うん。早く 帰りたくても、自分だけ 先には
　　帰りにくいしね。」

青山「ええ、それで、朝まで 飲んで しまうんですね。」

黒田「そう、体に 悪いと わかって いるのに。……
　　今日は 会議も あるし、まあ、がんばって 働いて
　　くれ。」

＊さそう＝「いっしょに 行きましょう」と 言う

＊忘年会＝年の 終わりに する パーティー

問1.黒田さんと 青山さんは どんな 関係ですか。

A)学校の 友だち

B)会社の 上の 人と 下の 人

C)学校の 先輩と 後輩

D)同じ 会社の 友だち

問2.次の 文の 中で 正しい ものは どれですか。

A)今 11月です。

B)黒田さんは あまり 酒を 飲みません。

C)青山さんは 酒が 大好きだから、朝まで 飲みます。

D)酒は 体に 悪いと わかって いるから、青山さん
は 酒を 飲みません。

E)黒田さんも 青山さんも このごろ 酒を 飲む こと
が 多いです。

答 1.B　2.E

読み物 7

宅配便
たくはいびん

　　日本には 「宅配便」と いう 便利な ものが あ
る。「旅行を するのは 楽しいけれど、大きい かばん
を 持って 歩くのは ねえ……。」と 言ったのは もう
昔の ことだ。今は 旅行の 前に 宅配便の 店に 電話
を かけると、店の 人が 荷物を 取りに 来て くれ
る。次の 日、私は 何も 持たないで、新幹線に 乗っ
て ホテルまで 楽に 行く ことが できる。旅行の お
みやげも たくさん 買う ことが できる。ホテルを 出
発する 前に 旅行かばんと おみやげが 入っている 大
きい 袋を ホテルの フロントへ 持って 行って、「こ
れを 宅配便で お願いします。」と 言えば いい。旅
行が 終わって、家に 帰る。そして、楽しい 思い出と
いっしょに、荷物も 次の 日に ちゃんと 家に 戻って
くる。スキーや ゴルフの 道具など、大きい 物も だ
いじょうぶだし、肉や 魚などの 食料品も 冷たく し
た まま 送る ことが できる。こんなに 便利な 宅配
便だから、これを 利用する 人は 増え続ける だろう。
　＊思い出＝思い出す 楽しい こと

問1.昔の 旅行は どうでしたか。

  A)荷物が たくさん あっても 楽だった。

  B)荷物が たくさん ある 場合は 大変だった。

  C)宅配便の おかげで 旅行が 楽だった。

  D)宅配便が あっても 楽ではなかった。

問2.宅配便は どんな 点が 便利ですか。いちばん

    いい 答を 選びなさい。

  A)荷物が 旅行の 思い出と いっしょに 帰って くる。

  B)人と 荷物を いっしょに 運んで くれる。

  C)おみやげを たくさん 運んで くれる。

  D) 短い 時間で 何でも 運んで くれる。

答 1.B　2.D

☆：少しむずかしい言葉です　　＊：使い方の説明がある言葉です

インデックス

228

230

234

236

242

【ひ】

246

248

3 級 の 漢 字

キ　外学楽間漢館気起帰九休究急牛去魚京強教業近金銀空兄計月犬見建

ク　ケ

ア　悪安以医意一員院飲右雨運英映駅円屋音下火何花夏家歌画会海界開

イ

ウ

エ

オ

カ

思　紙　試　字　自　事　持　時　七　室　質　写　社　車　者　借　手　主　秋　終　習　週　集　十　住　重　出　春　書　女　小　少

研　験　元　言　古　五　午　後　語　口　工　広　考　行　校　高　国　黒　今　左　作　三　山　子　止　仕　四　死　私　使　始　姉

コ
サ
シ

251

大代台題男地知茶着中注昼町長鳥朝通弟天店転田電土度冬東答同動堂道

チ

ツテ

ト

上場色食心真新親人図水世正生西夕赤切千川先前早走送足族多体待貸

ス
セ

ソ
タ

木本毎妹万味名明目問夜野友有用洋曜来理立旅料カ六話

マミメヤユヨラリロワ

特読南二肉日入年売買白八発半飯百病品不父風服物分文聞別勉歩母方北

ナニネハヒフヘホ

執筆者紹介

◆ 松本　節子（Setsuko Matsumoto）

慶応義塾大学文学部卒業。
言語文化研究所付属東京日本語学校（長沼）、文教大学言語文化研究所
講師、国際教育振興会（日米会話学院）日本語研修所講師を経て、現在、
データ メーションマイ代表。「実力アップ！」シリーズ他、著書多数。
デーリーヨミウリ・漢字クラス、Japanese for Lazy Peopleなど連載中。
＜http://www.JLCI.org＞
E-mail : setsuko.matsumoto@JLCI.org

◆ 星野　恵子（Keiko Hoshino）

東京芸術大学音楽学部楽理科卒業。
名古屋大学総合言語センター講師、ヒューマン・アカデミー日本語学校
東京校講師を経て、現在、東京国際大学付属日本語学校講師。

ナレーター

勝田　直樹（Naoki Katsuta）

加藤　恵子（Keiko Kato）

実力アップ！日本語能力試験［3級］文法編 初級総仕上げ
The Preparatory Course for The Japanese Language Proficiency Test

2003年9月15日 初版発行

著　者　：　松本　節子©2003　　星野　恵子©2003
発行者　：　片岡　明
印刷所　：　大野印刷株式会社
発行所　：　UNICOM Inc.（株）ユニコム
　　　　　　Tel: (03)5496-7650 Fax: (03)5496-9680
　　　　　　〒153-0064　東京都目黒区下目黒1-2-22-1004
　　　　　　http://www.unicom-lra.co.jp

Printed in Japan　　　　　　　　　　ISBN4-89689-432-4 C2081